入学後の学力がぐんと伸びる
０〜６歳の見守り子育て

井坂敦子

KADOKAWA

はじめに

　「子育てに正解はない」と言われますが、子育て初心者はどうしたらいいのか、わからないものです。だから客観的な正解や目安を求めてしまうのは、仕方がないことだと思います。だって、不安だし、心配だし。それでも、目の前にいる子どもを自分の責任で育てなければならないのですから。

　一方で「こうしたほうがいい」というアドバイスを、しんどく感じることも多いはず。言われた通りに何もかもできるはずがありませんよね。そもそも親自身が、初心者なのですから。子どもたちには、それぞれにすばらしい個性があって、成長の過程もさまざまなのだから、アドバイスの内容もその子によって異なってくるはずです。

　わたしは現在「花まる子育てカレッジ」で教育関連の講演会を企画して、専門家からたくさんのお話をうかがっています。また、Voicyで「コソダテ・ラジオ」のパーソナリティをしたり、前職では保育園園長や小学校受験指導をしてきました。それ以前は出版社で編集の仕事をしながら、娘の小学校受験も経験しました。

そんな経歴の中で得た知見から、幼少期の子育てで大切だと思うことを100のメソッドにまとめてみました。まずは「これなら、できそう」「こんなふうに考えればいいのか！」と共感できたことから、ひとつずつ試してみてください。

　子どもの様子を見ながら、そして自分の気持ちの負担になっていないかを確かめながら、できる範囲で少しずつやっていければOK！　幼い子どもの気持ちや成長の過程を理解することは、とても難しいもの。うまくいかないことが多いのは、当然です。でも、この本を手にとってくださっているということは、あなたの子どもへの愛がとっても大きいという証。きっといつか、大人になった子どもに向かって笑いながら「ああ！楽しい子育てだった」と言えるはずです。

　今の子育ての日々が、あなたらしい「親子の物語」になりますように！

井坂敦子

目次

はじめに　　2

1章

伸びようとする芽を摘んでいませんか?

「自己肯定力」をはぐくむ

method **1**　いたずらの繰り返しにイライラ ▶
困った行動で必要な能力が育つ　　12

method **2**　泣かせているのはわるいこと? ① ▶
むしろ思いっきり泣ける環境を作ってあげる　　14

method **3**　泣かせているのはわるいこと? ② ▶
気持ちを素直に出すことが自己肯定感を育てます　　16

method **4**　子どもがなぜ「イヤ」なのかわからない ▶
言葉にできない思いを受け入れてほしいだけ　　18

method **5**　できないことを自分で認めません ▶
できないことはわるいことではありません　　20

method **6**　失敗が多くて困ります ▶
子どもを責める前に大人に責任はないですか?　　22

method **7**　「はじめる」タイミングはいつがいい? ▶
行動を観察すると小さなサインが　　24

method **8**　「いい子」にしつける方法ってある? ▶
「いい子」を強いると感情が爆発することも　　26

method **9**　きびしくすることも子どものためには必要? ▶
焦りや不安からのきびしさはマイナスに　　28

method **10**　叱っても反応ナシです…… ▶
無意識の良くない行動、親もしていませんか?　　30

method **11**　子どもの心を満たすためには? ▶
「ダメ」はできるだけ言わず親も一緒におもしろがる　　32

method **12**　前向きな子どもに育ってほしい ▶
「よくがんばったね」とポジティブな声かけを　　34

method **13**　目が輝いている子どもにするには? ▶
親の工夫の見せどころ「おもしろいよ!」を提案　　36

method **14**　子どもが不満をためているみたい…… ▶
小さな「できた」を認めてあげましょう　　38

method
15 「自分でする」という意欲がないようす ▶
試行錯誤する時間をたっぷり与える 40

method
16 朝、自分で起きられません ▶
花の水やりなど朝のお手伝いを習慣に 42

method
17 自分でできた！と思わせるには？ ▶
子どもの「やる気」を親がそがないで 44

method
18 「好奇心」をいっぱい持ってほしい ▶
「手でいちごをつぶす」ような、小さな挑戦から 46

method
19 緊張しやすく自分の力が出せない ▶
失敗は恥ずかしくないと思わせてあげて 48

method
20 工作や絵が得意ではないみたい ▶
準備する力や段取る力を身につけさせて 50

method
21 親のことを批判するように ▶
「子ども扱い」はやめる。頭ごなしの注意は控えて 52

method
22 幼稚園選びの基準とは？ ▶
けんかへの対処法など考え方が近い園を 54

method
23 パパの存在感が家の中で薄いかも ▶
社会の決まりや礼儀を伝える役割に 56

method
24 子どもと心が通じ合えていないかも ▶
「大好き」という気持ちをまっすぐに伝えて 58

2 章　親の影響を軽く見すぎていませんか？
「コミュニケーション力」をはぐくむ

method
25 人見知りするのが心配です ▶
「あなたのままで素敵」と子どもに伝えて 62

method
26 誰とでも仲良くしてほしい ▶
子ども同士はもちろん大人にもいっぱい会わせて 64

method
27 初めてのお友だちと遊べません ▶
子どもだけで参加するキャンプ体験がおすすめ 66

method
28 子どものけんかは止めるべき？ ▶
子ども同士のいざこざで人との関わり方を学べる 68

method
29 友だちにゆずれる子にするには？ ▶
子どもが甘えたい時にしっかり甘えさせる 70

method
30 友だちにおもちゃをどうしてもゆずれない ▶
特別なおもちゃなら想いを尊重して　　　72

method
31 家にお友だちを呼ぶのが苦手です ▶
人と関わる力を伸ばすのに役立つので、ぜひ!　　　74

method
32 「ごめんなさい」が言えません① ▶
心からの言葉が出るまで催促せずに待ってみて　　　76

method
33 「ごめんなさい」が言えません② ▶
謝らせるのではなく親がまず頭を下げて　　　78

method
34 人への気づかい、子どもには無理? ▶
親が見せる気づかいをわかる日が来ます　　　80

method
35 のびのびした子に育てるには? ▶
なんでも話せる雰囲気を家族の中で作って　　　82

method
36 自分から行動を起こせる子にするには? ▶
大人がしていれば自然にまねするように　　　84

method
37 「いい子」に育てる方法はある? ▶
たくさんやさしくされると「いい子」になる　　　86

method
38 子どもに話す力をつけるには? ▶
「おもしろい話をしますよ」と言葉に興味を持たせて　　　88

method
39 子どもへのNGな言葉かけは? ① ▶
「危ない!」はむしろ危険。感情的なトーンは避けて　　　90

method
40 子どもへのNGな言葉かけは? ② ▶
「汚い!」は、時に人を傷つける言葉になる　　　92

method
41 挨拶が大事と言われてもピンと来ません ▶
心の込もった挨拶は周りの人を動かす力がある　　　94

3 章　お受験準備が参考になります
「あと伸びする学力」をはぐくむ

method
42 文字を書く練習はしておいたほうがいい? ▶
まる、さんかく、しかくから始めてみましょう　　　98

method
43 時間の感覚を身につけさせるには? ▶
アナログ時計とタイマーを活用しましょう　　　100

method
44 先生や親の話に集中できません ▶
自分が言う出番のある「しりとり」が効果的　　　102

method **45** 文章を読む力を伸ばすには？ ▶
クイズ形式にしてイメージする力を育てて　104

method **46** きちんとお話ができる子にしたい ▶
「相手に伝わるように話す」ように導いて　106

method **47** 言葉をたくさん覚えるためには？ ▶
「オノマトペ」を会話にとりいれてみて　108

method **48** 言葉づかいで注意したい点は？ ▶
「あのさ～」「そうそう!」という口ぐせにご注意　110

method **49** 算数の学習でつまずかないためには？ ▶
10までの数字を覚えて数詞に親しむ　112

method **50** 料理のお手伝いはまだ早い？ ▶
下ごしらえなら1歳から。食材は知的な刺激の宝庫　114

method **51** 生き物に親しむには？ ① ▶
潮干狩りであさりをとって食べる経験がおすすめ　116

method **52** 生き物に親しむには？ ② ▶
身近な食べる魚から始めて興味を広げていきます　118

method **53** 音楽が好きな子になってほしい ▶
クラシックの名曲はずっと記憶に残ります　120

method **54** ぬりえはさせたほうがいいですか？ ▶
やればやるほど脳の発達をうながします　122

method **55** お絵かきのテーマで困っているようす ▶
始める前に子どもにインタビューをしてみて　124

method **56** 工作が得意になるためにできることは？ ▶
親子で会話をしながら力を合わせて作りましょう　126

method **57** 算数で図形が得意になるには？ ▶
平面の画用紙から立体物を作るのがおすすめ　128

method **58** 机からモノを落とすのは注意力が足りないせい？ ▶
机のどこに何を置くか1つずつ教えましょう　130

method **59** 習い事でほかの子より覚えるのが遅い ▶
人と比べない、が鉄則。課題発見のチャンス　132

method **60** 小学校入試にはどんな問題が出るの？ ① ▶
単純だけれど奥が深い「輪つなぎ」　134

method
61 小学校入試にはどんな問題が出るの? ② ▶
「輪ゴム」が課題としてよく登場します　　136

method
62 小学校入試にはどんな問題が出るの? ③ ▶
いろいろな能力がわかる「紙をちぎる」　　138

method
63 伝説のボールつき5000回とは何ですか? ▶
できたら合格に例外なし。やり抜く力が育つ　　140

method
64 小学校受験は合否の判断が謎…… ▶
無意識の自己肯定感がある子どもは合格する　　142

method
65 指導者が魅力的と思う目力のある子にしたい ▶
親の精神的安定が子どもを意欲的にする　　144

method
66 勉強の習慣をつけさせたい ▶
1日5分から始めて休みの日は作らない　　146

method
67 小学校に1人で通学できるのか心配 ▶
想定外のことへの対応方法を教えて　　148

method
68 学校で困った時の対処法は? ▶
「助けて」の頼み方をごっこ遊びで伝えて　　150

method
69 テレビを観る時間は決めるべき? ▶
「夕食時は観ない」などわが家のルールを作る　　152

method
70 YouTubeは観せないほうがいい? ▶
「おさるのジョージ」や楽器演奏動画はおすすめ　　154

method
71 幼児からパソコンを始めさせてもいい? ▶
「プログラミング思考」は幼児のうちから育てる　　156

method
72 文字や絵をかくのにタブレットを使わせたい ▶
絵の具、鉛筆などいろんな筆記具に触れる経験を　　158

method
73 スマホに興味津々ですがまだ早いですよね ▶
カメラや録音機能は好奇心向上に役立つ　　160

method
74 小学校入学時に準備しておくことは? ▶
持ちものの管理や着替えが自分でできるようにして　　162

4 章
一生幸せに過ごすために
「世界で生き抜く力」をはぐくむ

method
75 英語はいつから始められる? ▶
赤ちゃんでも英語の童謡なら親しめる　　168

method 76 勝ち気なほうが将来、生き残れる？ ▶
負けたくない気持ちがマイナスに働くことも　170

method 77 きちんとした振る舞いができる子にしたい ▶
時にはレストランなどハレの場へ　172

method 78 失礼にならない大人との接し方は？ ▶
敬意を持った受け答え。親から繰り返し伝えて　174

method 79 育ちのいい子と思われるためには？ ▶
ひじはつかない、などの立ち居振る舞いが決め手　176

method 80 ボランティア活動はさせたほうがいい？ ▶
欧米では大学の出願に必須。幼児のうちから経験を　178

method 81 日本人として身につけるべきことは？ ▶
自国の文化を知ることは国際人として必要です　180

method 82 心が強い子に育てるには？ ▶
冷静に周りの状況を見る客観的な視点を教える　182

method 83 自立した人になってほしい ▶
買いものの袋詰めでスキルは身につく　184

method 84 周りの人を助けられる人になってほしい ▶
生活技術を身につけると人を手助けできるように　186

method 85 日本文化を早くから学ばせたい① ▶
和食器の並べ方からも学びがあります　188

method 86 日本文化を早くから学ばせたい② ▶
旬の食材を使った和食で「本物のおいしさ」を伝えて　190

method 87 日本文化を早くから学ばせたい③ ▶
季節の行事が日本文化を知るきっかけに　192

method 88 おすすめの季節の行事は？ ① ▶
ホタル狩りやお月見。情緒を感じる心が育つ　194

method 89 おすすめの季節の行事は？ ② ▶
杵と臼を使う餅つきは特別な体験　196

method 90 伝統文化は幼児にはまだ早い？ ▶
子どもでも楽しめる狂言がおすすめ　198

method 91 世界共通の文化とは？ ① ▶
ロングセラー本、「クマのプーさん」の深み　200

method **92** 世界共通の文化とは？ ②　▶
音楽は世界共通語。親しむには楽器が近道　202

method **93** 世界共通の文化とは？ ③　▶
ペットとのふれあい。「命」の学びにもなる　204

method **94** イギリス伝統校の教育で学んだこととは①　▶
自分の立てた目標を振り返る　206

method **95** イギリス伝統校の教育で学んだこととは②　▶
簡単なゲームで待つ時間も楽しむ　208

method **96** イギリス伝統校の教育で学んだこととは③　▶
不当な扱いに対しては声を上げるのが常識　210

method **97** イギリス伝統校の教育で学んだこととは④　▶
「家族」の大切さを教えてくれた寮生活　212

method **98** イギリス伝統校の教育で学んだこととは⑤　▶
子どもの意見をよく聞く「当事者主権」につながる姿勢　214

method **99** 英語を身近なものにするためには？　▶
自宅に外国のお客様を招き遊びながら英語に触れて　216

method **100** 世界で生き抜くために必要なこととは？　▶
弱さや苦手をさらけ出せる勇気　218

Column

遊び感覚で英語に親しむおすすめ教材①　60

遊び感覚で英語に親しむおすすめ教材②　96

子どもに聴かせたいクラシック曲　164

遊び感覚で英語に親しむおすすめワークショップ　222

おわりに　220

参考文献、引用論文　223

デザイン／上坊菜々子　　DTP／ニシ工芸
カバーイラスト／福田利之　　校正／鷗来堂
本文イラスト／いといゆき　　編集／原田裕子（KADOKAWA）

伸びようとする芽を
摘んでいませんか?

1章

「自己肯定力」
をはぐくむ

大人から見ると「なぜそんなことをするの?」と思うような子どもの行動にも、その子なりの意味があります。止めるのはちょっと待って。何かに熱中している自分を親に受け入れてもらえることが、子どもの自己肯定感につながります。

method
1

困った行動で
必要な能力が育つ

▶ いたずらは子どもの本能的な行動

　子どもは1歳前後になると、自然にハイハイからつたい歩きを始めます。初めて立った瞬間は、その場に立ち会った人に、えも言われぬ感動を与えてくれます。まさに幼児への第一歩。この時期は足腰の発達ばかりでなく、実は手指の発達も急激に進んでいます。その証拠に、床の小さなホコリを見つけてはつまんでみたり、ティッシュボックスから次々とティッシュを引き出してみたりするのも、この頃です。「床のホコリを拾うなんて、汚いことしないで!」と気にしたり、「ティッシュがもったいないから、やめて!」と取り上げる前に、ちょっと待って! 幼児に、「汚い」とか「もったいない」という感覚がわかるでしょうか?

　幼い子どもは、ただ単純に見つけたものを拾いたい、つまんでみたい、ひっぱり出してみたいという欲求に駆られているだけなのです。そしてそれは、子ども自身の意志というよりも本能的な行動なのです。

▶ できないことができるようになるための準備

　ずりばいからハイハイ、つたい歩き、よちよち歩き。そして走り出し、スキップをし、ツーステップがリズムに合わせてできるようになるまで、子どもは動きたい衝動に駆られて繰り返し、足腰を成長させます。手や指も、つまんだりひっぱったりを繰り返し、クレヨンを握り、ハサミを使い、鉛筆を持ち、箸を自在に使えるようになるのです。

　一見、大人の目からすると迷惑なことも、子どもにとっては必要なワンステップだと思って見守れば、自然にその子の進み方でよどみなく成長していきます。 多くの子どもたちを見てきた経験からそう思います。

▶ やる気と根気をじゃましない

　特に1歳から小学校に上がるまでの期間は、全身がのびやかに成長をとげる奇跡のような時間です。そして、その後の生活を支える土台を作る大切な時間でもあります。身につくまで繰り返し行うことで、必要な動きが無意識にできるようにしてあげたいですね。自分も周りも気持ちのよくなる振る舞いや、好奇心に忠実に行動できる自信を育てていくために、子どもと関わる大人は、子どものやる気と根気のじゃまをしない大人でありたいものです。

method 2

むしろ思いっきり泣ける 環境を作ってあげる

▶ **泣いている理由はよくわからないことも**

　泣いている子どもを前に、新米ママは途方にくれることがあります。一度泣き出した子どもを泣きやませるのは、簡単なことではありません。

　泣いて眠れない子どもを抱いてあやしながら、お腹がすいているのか、どこか体調がわるいのか、部屋の温度や寝具の心地がよくないのかといろんな手を尽くしても、どうしても泣きやまないことがあります。泣き疲れて眠るまで、背中をトントンしたり、急に吐くなどの変化がないかとそばに寄り添っているのも、ずっと続くとママだって泣きたくなりますよね。

　電車やバス、公共の場では、泣く子どもにさらに困り果ててしまいます。子どもの泣き声はとても大きなパワーがあり、泣く理由をわかってあげたいと必死になればなるほど、ママとしての自分に自信がなくなっていきます。

▶ 泣くことの自由を保障してあげて

「よく泣いているねぇ。元気な証拠!」と笑い飛ばしてくれる、大らかな先輩ママの言葉や、「泣きながら、実は周りをよく観察しているものですよ」と、泣く理由もいろいろあると教えてくれる、冷静な保育士さんからのアドバイス。「泣くことで、余っている体力や、ストレスを発散しているものよ」と、泣くことの効用を教えてくれた小児科医の先生に巡り会って、救われたような思いになった経験がわたしにもあります。「子どもが泣くこと」や「泣いている子どもを抱えたママ」へのやさしい環境がもっとふえてほしいと思い、電車の中で泣いている子どもに出会うと「パワーがある泣き声で頼もしい! 生きているって感じですよね」と、つい声をかけてしまうことも少なくありません。

「泣くこと」で子ども自身にうれしいことがあることもあれば、逆に「泣きやむこと」でそれを得る場合もあり、日々の積み重ねの中で、子ども自身が「泣く」ことについて学んでいきます。**子どもが思いきり泣ける環境を作って「泣くこと」の自由を保障してあげながら、「なぜ泣いているのか」という子どもの思いをくんで、「泣いていること=かわいそうなこと」という単純な決めつけはしないようにしてほしいなと思います。**

泣かせているのは
わるいこと？②

気持ちを素直に出すことが
自己肯定感を育てます

▶ **迷惑を恐れ子どもを家に閉じこめないで**

　「泣くこと」を恐れるあまりに、家の中に閉じこもってしまったり、迷惑をかけないように人と交わることを避けたりすることは、子どもにとってとても危険です。動物学者・松島俊也先生の著書の中に、「孤独の中で育つ攻撃性」という言葉があります。中国には、「闘蟋」と呼ばれる、こおろぎを戦わせて賭け事をする歴史ある遊びがありますが、強いこおろぎにするために１匹ずつに分けて育てるのだそうです。１匹で孤独に育てると攻撃が大変激しく、そればかりではなく、相手が死ぬか、自分が死ぬまで戦いを止めないそうです。

　本来、生き物は相手が負ければ、そこで攻撃を止めます。「負けた、やめてくれ」のしぐさで、攻撃を中止。勝った側は、それ以上の攻撃がエネルギーや時間の無駄と考えるからです。すぐに負けを認めることや、勝ったらすぐに攻撃を止めることを、集団の中にいれば自然と学び、生きながら

えていく術として身につけていくのに、孤独な環境で育つと、それを知らないままに育ってしまうというのです。

　これは人間も同様で、**集団の中でしか学べないことがたくさんあります。**周りへの配慮は大切ですが、泣かせているママである自分を責めることなく、「子どもは泣くもの」と開き直る強さも時には必要かもしれません。

▶ 泣いていてもティッシュは渡さない

　わたしは、子どもが泣いていてもティッシュなどを渡さないことにしています。泣いている人にティッシュを差し出すのは一般的には親切ですが、「早く泣きやみなさい」「泣いているべきではない」「泣いているのは、よくない」というメッセージにもなり得るからです。

　子どものありのままの気持ちを受け入れて、泣きたい時には思いきり泣かせてあげることが大切だと考えています。周りへの気遣いから、幼い子どもに喜怒哀楽を押し殺させてしまうことは、自分の心に嘘をつくことであり、自分自身を大切にできないことにつながると考えるからです。**自己肯定感を子どもに持ってほしいのならば、周りに迷惑をかけないことを優先せずに、自分の心に正直になって泣いている子どもを見守ってあげてください。**

method 4 言葉にできない思いを 受け入れてほしいだけ

▶ 理由がわからない「イヤ」を受け入れる

　調べつくして「ここだ!」と決めた、娘が通園する「こども園」。農作業やモンテッソーリ教育、ネイティブによる英語、造形など、刺激の多い環境です。運動会、夏祭り、芋掘り、クリスマスなどのイベントもすばらしく、ありがたく思っていました。

　ところが、ある日突然、娘が「行きたくない」とつぶやいたのです。「どうして?」とやさしく聞いてみても「いやだ」と。年齢も年齢ですから、説明する言葉を持ち合わせていなかったのでしょう。いつもほがらかで、おおらかな娘だったので、びっくりしてしまいました。担任の先生にご連絡をしたものの、特に変わったことはないとのこと。とりあえず連れて行くと登園はできていました。

　しかし母親の直感のようなものが「このまま、通わせるのはよくない」と根拠なくわき上がり、翌年から転園をしました。転園先は、黒柳徹子さんの『窓ぎわのトットちゃん』

にも描かれている小林宗作先生が開いた幼稚園。何しろ子どものやりたいことを自由に好きなだけさせてくれるところ。娘は毎日登園を楽しみにするようになり、生きる喜びが爆発しているように見えました。

▶ 大人の行動を子どもはちゃんと見ている

　それから10年以上たったある日、高校生になっていた娘が、突然、あの時なぜ園をいやだと思ったのかを話し出しました。先生が、わたしの指を扉に誤ってはさんでしまったのに、何もなかったかのように振る舞った。謝りもせず、手当てもしてくれなかった。ママたちの前だとニコニコしているけれど、普段はそんなにニコニコしていないし、先生同士は上下関係のようなもので、いつもピリピリしていた。1クラス24人が先生の号令で園庭に出されたり、遊びの途中でも部屋に戻されたり、家畜のような扱いだと感じた。高校生になるまで言語化できなかったけれど、その思いはずっと鮮明にとどまっていたことに驚きました。

　教えてもらえたことをうれしく思いましたが、複雑な気持ちになりました。**子どもの言うことは、短い言葉でも深い意味をはらんでいることが多いと感じています。耳を傾け、しっかりとそこにある気持ちをキャッチしてあげたいですね。**

できないことを
自分で認めません

できないことは
わるいことではありません

▶ ありのままを親が受け入れて

「できることは、よいこと」

「できないことは、わるいこと」

これは言葉にしなくても、親の態度やふとした表情で、子どもは敏感に感じ取ります。そういう考えを子ども自身がすでに持っている場合もあります。これが行きすぎると子どもは、自分ができないことを隠したり、できていない子をバカにしたりと、幼児らしい、いじらしい行動をします。

親自身の中にも少なからずある「できることは、よいこと」から少し距離をとって、「できないことは、わるいこと」ではない、できるようになる「前の段階」ととらえられると親子共に気持ちが少しラクになるのではないでしょうか。

年長さんになると、幼稚園や幼児教室などで「できる子が嫌い」と話す子が出てきます。できないことが受け入れられなくて泣いてしまう場合もあります。裏返すと、自分はできていない、できないのはよくないこと、という意識があ

るのです。また、うまく話すことができないと、大人との対話でもじもじして、首をひねって黙って、周りが助けてくれるのを待つという受け身な行動をとりがちです。

▶ 周りの評価にさらさない

　これらは、まだまだ幼いにもかかわらず、幼稚園や幼児教室などの競争的な空気の中で、自分が傷つかないように防衛している態度だと思うのです。

　幼児に最も大切なのは、無邪気な自己肯定感。それは愛され、守られているからこそ保てるもの。点数などの評価にさらされずに、「自分のことだけしか見えていない」ことが守られているから、子どもらしい輝きを放つのです。

　大人が「できる、できない」にこだわらず、くれぐれも子どもの自己肯定感を傷つけるような言葉をかけませんように。しっかりと子どもは覚えているものです。思春期の自立する時期に、幼児期に傷つけられた記憶から、「自分はだめだ」「できない人間なのだ」と悩むことが少なくありません。新たなチャレンジへの一歩が出にくくなります。**現実の世界で生き抜くには「自分は自分で大丈夫」と思える強さが必要です。「できる、できない」にこだわらずに、子どもの「そのまま」をどんな時にも愛してあげたいですね。**

method
6

子どもを責める前に
大人に責任はないですか？

▶ **うっかりが子どものせいとは限らない**

こんなご質問を園長時代にいただきました。みなさんなら、どの答えを選びますか。

Q 食事中に、3歳の息子の手がコップに当たって、コップを落としてしまいました。わざとではなくて、まちがって落としてしまったんです。息子はわたしに、「拾って」と言うのですが、こういう場合に、わたしが拾ったほうがよいですか？　それとも、自分で拾わせるほうがよいですか？

A ❶ 落とした息子さんが、拾うように声をかける。
❷ 拾う前に、落としてしまった不注意について声をかけ、息子さんが拾うように促す。
❸ ママが拾う。

子どもの様子にもよるので、どれが正解とは決めきれません。例えば、何度も落とすことが続いているのか、たまたま食事に夢中になってコップに気がつかなかっただけなのか、によって対応は異なります。今回は偶然当たってしまった状況なら、わたしは③を選びたいと思います。

　理由は、コップが手の当たる位置にあるのを見逃してしまった責任が大人の側にあるから。「割れないでよかったね」「ごめんね。ここに置いたから手が当たっちゃったのね」と声をかけます。5歳であれば、「そこにコップがあると、落としてしまうかもしれないよ。移動させよう」と声をかけます。

▶ 親の対応が友だちへの思いやりに

　このようなやりとりで、子どもは、お友だちの失敗にも寛容な気持ちが育ち、「けががなくてよかったね」と言えたり、自分から拾ってあげる行為ができるようになります。

　子どもの失敗を指摘するのは、簡単なこと。きちんとしつけをしているような錯覚にもおちいります。大人は注意した達成感を感じるかもしれませんが、子どもには、「え？ ぼくのせい？」という気持ちを残しながら謝るという、違和感が残ってしまうこともあります。子どもの失敗に対して、年齢に合った対応なのか？ 同じ態度をお友だちにとっても大丈夫なのか？ の視点を持ちたいですね。

method
7

行動を観察すると
小さなサインが

▶ **ひなの行動の見極めで野鳥のひながかえる**

　野鳥の子育てでは、5月が繁忙期。なぜなら、卵からひ
ながかえる時期だからです。卵が勝手に割れて、ひなが出
てくるわけではありません。あの硬い殻は、親鳥がつつい
て割ってやるのです。それでは、その「つつく」タイミング
を親鳥はどうやって見極めるのでしょうか? 育児書やカレン
ダーがあるわけでもありません。きっかけは、ひな自身が、
「もう、出たいよ!」と卵の内側からコツコツとつつくこと。
これを「啐」と言い、それに呼応して、親鳥が外から殻を
つつくのを「啄」と言います。この両方が一致して、はじめ
てひなが誕生するのです。

　親鳥が「啄」のタイミングをあやまると、ひなの命が危
険にさらされます。早くても遅くてもいけない大事な一瞬で、
「啐啄」は同時でなくてはならないもの。四字熟語「啐啄
同時」の語源です。これは鳥に限らず、人間の親子関係で
も大切にすべきことのように思います。

▶ サインがないうちは始めるのを待つ

「いつから、トイレトレーニングをすればよいですか?」

「お箸の練習は、そろそろ始めたほうが、いいでしょうか?」

「2歳を過ぎたので、鉛筆を持たせたほうがいいですか?」

始める時期についてご質問をいただくことがよくあります。答えは、ほかの子と比べることではなく、育児書の数字でもなく、「その子の様子」を見ることにあると思うのです。鉛筆を使っているお兄さんをじっと見つめていた、とか、お箸をさわりたがるとか、サインがあるはずです。ひなが卵を中からつつくかすかな音と同じくらい、小さなサインです。**親鳥だからこそ、聞き逃さない音。親にとっては、その小さな音を聞き逃さないようにすることが、いちばん大事なのかもしれません。**

また、そのサインがないのに、むりやり始めようとしてうまくいかないのも、「啐啄同時」の考えにもとづけば、うなずけます。ひながまだ卵の中にいたいのに、親鳥がむりやり卵を割っている姿を想像してみてください。ご家庭でも、そんな子どもの「啐」に耳をすませていただけると、子ども自身の欲求をよいタイミングでキャッチしながら、無理のない子育てができるのではないでしょうか。

method
8

「いい子」を強いると 感情が爆発することも

▶ **子どもにしつけは必要です**

①ママの前ではとても「いい子」で、ママがいないところ
　では、わがままを（自分の欲求を素直に）言う子ども。

②ママの前ではとてもわがままだけれど、ママがいないとこ
　ろでは、「いい子」な子ども。

　さてさて、①と②のどちらが「いい子」でしょうか？

　①だと、ママは叱る必要がありません。ですが、家でお
菓子を食べない「いい子」が、お友だちの家で必要以上
にたくさん食べるようなことが少なくありません。②だと、
ママは「わがまま」につきあいきれなくなりそうです。

　ママがいてもいなくても、「いい子」なのが理想ですか？
でもよく考えてみれば、そんな「いい子」はいるはずがあ
りませんよね。「子ども」なのですから。ふざけて失敗をす
る、駄々をこねるなど、大人が困ることをする場合が少なか
らずあるはずです。そこで「しつけ」をしなくては、と考え
るのは親としては当然のことです。

▶ 親にとって「都合のいい子」にしないで

> しつけは子どもが社会性を身に付けるためには必要です。しかし「しつけは必ず抑圧を伴う」ことを知っておかなければなりません。（中略）親が叱ろうとするとき、一度立ち止まって考えてみるようにしてください。「それは、本当に叱らないといけないことなのか」と。
> ──岡本茂樹『いい子に育てると犯罪者になります』

　これは、臨床教育学博士で刑務所での受刑者の更生支援をされていた方の文章です。刑務所への出入りを繰り返す受刑者には「いい子」だった人が多いというのです。幼少期から親の期待する役割を演じ、それに耐えられなくなった時、積もり積もった感情が「犯罪」という形で爆発するとあります。健全な子育ては、「いい子」を強いるのではなく、「ありのままの姿」を認めることから始まるのだと結ばれています。

　その「しつけ」が子どもが社会で生きていくのに必要なものか、親にとって都合がいい行動をさせることになっていないかを考えながら、子どもに向き合っていただければと思います。

きびしくすることも
子どものためには必要?

method
9

焦りや不安からの
きびしさはマイナスに

▶ 不安解消のためのしつけは子どもに響かない

　子どもの将来を思って、きびしくする。しっかりしつける。うっかりしているマイペースの子どもが心配でしかたない。お勉強についていけるか不安で、つい先取りで教えたくなる。真面目で一生懸命なママたちは、そんなことを感じているかもしれません。

　ところが子どもは、きびしいママや心配するママが、なぜ不安になっているのか理解できません。そして、そんなママの焦りや不安だけをキャッチしてしまいます。

▶ 子どもはやさしい笑顔のママが好き

　「いいママ」になる前に、ハッピーなママでいつもニコニコしていたら、子どもは心が満ち足りて、張りきっていろいろなことにチャレンジしてくれます。まずは、ママの笑顔! なのです。

　とにかく恐竜が好きな男の子の小学校受験の本番の面

接で、こんなことがありました。

「園でお友だちと、どんな遊びをしますか?」

「恐竜ごっこです」

「お父様と一緒にどんなことをしますか?」

「お風呂に入ります。お風呂で恐竜ごっこをします」

「大きくなったら、何になりたいですか?」

「ティラノサウルスです」

　練習をしていた通りに、恐竜尽くしの答えで順調に面接は進みました。何せ、将来の夢は恐竜博士ですから、自信満々にお返事をしていたそうです。ただ最後の問い「あなたの宝物は、何ですか?」には、いつもならば「恐竜図鑑です」と答えていたのに「やさしいママです」と答えたそうです。

　小さな6歳の子どもでも、本番の緊張感や真剣さを受け取っています。そんな時に思わず出た言葉は、家族にしかない思い出であり、ママにとっては宝物。

　これを話してくれたママはうっすら光るものを目に浮かべて、いつもの笑顔が輝いていました。

叱っても
反応ナシです……

<blockquote>
method
10
</blockquote>

無意識の良くない行動、
親もしていませんか？

▶ 子どもの行動の原因は親にあり

　子は親を映す鏡とか。そして、三つ子の魂百まで。そんな言葉をお聞きになったことがありませんか。子育てに対してまじめなママには、重く感じる言葉ではないでしょうか。しかも1人目の子育ての場合には、初めてのことだらけですから、慎重になるのはしかたないことです。

　なくて七癖とも言います。無意識の口ぐせや振る舞いは、親自身も長年かけて身につけてしまったものですから、直すのは、なかなか大変です。つい「ダメ、ダメ!」「なんで、そんなことするの?」なんて、とっさに言っていませんか?「ダメ、ダメ!」とママとそっくりな口調で、お友だちに言う子どもによく出会います。

　例えば、足でものを動かすとか、足で扉を閉めるとか。子どもにお説教をする前に、「その子どもの行動の原因が自分にないのか?」と考えて、「あら、わたしも」と思い当たることがあれば、それを意識した上で子どもに注意をし

たほうが、素直に聞いてくれるはずです。「この間、荷物が多い時にママもやっちゃったけれど、足で扉を閉めるのはお行儀がわるいから、やめようね」と。

▶ 子どもでも、対等に「人」として接して

　まだまだ幼いと思っている子どもでも、年中さんくらいから大人顔負けの論理の組み立てや思考をすることがあります。特に女の子は、しっかりとしています。矛盾のあるお説教や、ただ単に親だからと権力をかざすと、子どものほうが、「ママは、今日はきげんがわるいな」と、冷静に分析して、話を聞き流していることも。子どもが幼くとも、1人の人として、対等かそれ以上の相手として接したいものです。

　周りの大人から丁寧に接してもらえている子どもは、自己肯定感、自己効力感*が高く、それゆえにタフで周りにやさしくできます。実際にたくさんの子どもを見ているとわかります。

　将来、素敵な頼りがいのある大人に成長するはずの子どもに、たとえ今は幼く見えるとしても、不用意な接し方はしたくないですね。今、ママが子どもにしていることを、老いたママに対して、大人になった子どもがするのではないでしょうか。

---

*「自己効力感」とは、「自分ならできる」「きっとうまくいく」という、目標を達成する能力が自分にあると思えること。能力に関係なく無条件に「自分には価値がある」という感情を持つ「自己肯定感」とは異なります。

子どもの心を
満たすためには？

method
11

「ダメ」はできるだけ言わず
親も一緒におもしろがる

▶ **心が満たされている子は問題が少ない**

　子どもが「満たされる」というのは、どういうことでしょうか。お腹がいっぱいになる、よく眠れている、たくさん体を動かしている……など、体が「満たされる」ために必要なことはわかりやすいものです。

　園長時代には、**心が「満たされている」と感じる子どもは、お友だちにもやさしくできるし、努力することを楽しめることが多いなと感じました。**落ち着いた気持ちで、話を聞くことができるし、お友だちともめることもほとんどありません。親であれば、わが子が「満たされた」状態で成長してほしいと願っていることと思います。子どもの心が「満たされる」には、何が必要なのでしょう？　わたしは子どもの気持ちや考えを大人が想像することがとても重要だと感じています。子どもの頃の自分の気持ちを思い出してみると共感できるのではないでしょうか。

▶ 「ダメ」と思える行動は子どもの発達に必要

　大きなけがをするなどの危険なこと以外では、子どもに「ダメ」という言葉をかけないほうがよいと考えています。大人の目から見ると、「ダメ」なことばかりをしたがるように見えてしまう幼児の行動には、その子どもの発達のために必要なことが秘められているからです。一見「ダメ」に見える「地面に寝っころがる」「水たまりでジャブジャブ遊ぶ」などの**行動の奥にある、子どもの気持ちに寄り添うこと、そして子どもと同じ目線でおもしろがりながらその行動に付き合って、大人もその行動で楽しんでいると、子どもは「満たされる」ように思えます。**

　シェイクスピアは「ものの良し悪しは、考え方ひとつで決まる」と『ハムレット』で書いています。客観的事実よりも「本人にとってどういうことなのか?」がとても大切ということ。

　子どもにとって、「コップの水をこぼした」のは、「水の様子を知る実験」かもしれないし、「水にさわりたい欲求」かもしれません。それを「部屋をよごす」「服をぬらす」行為と決めつけてしかるのは、どうでしょう。子どもの行動を大人の論理で測るのではなく、子どもの意図を想像しながら、こうしたかったのかな? と寄り添うことで、子どもの日常がわくわくするものになります。

method
12

「よくがんばったね」と ポジティブな声かけを

▶ 安心できる環境を作ってあげて

オックスフォード大学のエレーヌ・フォックス教授による「悲観脳と楽観脳」の講演を聞きました。子どもには、できるなら楽観的であってほしい、果敢にものごとにチャレンジしてほしいと願っていたので、「どうしたら楽観的になるのだろう?」と個人的な興味があったからです。

イギリスで、とても楽観的な娘と悲観的な娘を持つパパが、クリスマスにした実験が紹介されました。

楽観的な娘

部屋に馬ふんをまき散らしたところ、娘はニコニコ笑って喜んでいる。「馬ふんだらけなのに、どうして?」と聞くと、キラキラした目で「だって、このおうちに馬がいるのよ!」と答えた。

悲観的な娘

ほしがっていたタブレットやゲーム機、携帯電話などを部屋に置いておいたら、しょげて泣いている。理由を聞くと「どれも電池の形が違う。説明書も読まなければならない」と嘆いた。

なぜ、人は、悲観的だったり、楽観的だったりするのか？研究によると、危険を察知して自己防衛をするために、本来は悲観的な考えのほうが強め。ものごとの楽しい側面をとらえる**楽観的な考えは、やや弱めなのだそう。元々の怖がりで慎重な状態から、楽観的な勇気のある状態に育てていくためには、多くの楽しいこと、心地よいこと、安心できる環境が必要。**子どものものごとのとらえ方をポジティブに向けていくには、失敗と思える経験にも「これで、次は大丈夫だ！」「よくがんばったよね」と声をかけ続けてあげる必要があります。

▶ 子どもの話をただ聴くことがとても大切

　また、「あのね、ママー！」と、子どもが話しかけてきたら、何をおいても目を見て話を最後まで聴いてあげてほしいものです。たどたどしくても途中でさえぎったりせずに。励ますような気持ちの笑顔であいづちを打ってあげたいですね。なぜなら、自分の話を聴いてくれる人がいると思えることは、自分には価値があるという自信につながり、前向きな気持ちに子どもを導くからです。

目が輝いている
子どもにするには?

method 13
親の工夫の見せどころ
「おもしろいよ!」を提案

▶ **水たまりに一緒に「ボチャン!」と入ってみる**

　子どもに「!」「!!!」がある毎日を送らせてあげている
でしょうか? 子どもは、好奇心のかたまりで、エネルギーは
無限にわいてきます。子どもらしい集中している強い目力
や、はずむような全身の機敏な動き、頭から湯気が出そう
な集中力、そういうものがキラキラしたままの状態で成長す
るにはどうしたらよいのでしょう。

　**子どもを「まだ幼児なんだからこの程度でいいだろう」と
甘く見ないで、クライアントの意表をつくプレゼンをするよう
な気持ちで「これおもしろいよ!」と提案してあげてほしい
と思うのです。**

　例えば、動物や虫を飼育する、植物を育てる、料理を作
る、お裁縫をする、ミシンやアイロンを使う、ノコギリやカン
ナを使う、釣りをするなど。もっと身近なことでは、水たまり
にボチャンと入ってみる、雨の日に濡れてみる、落ち葉を集
めてその上に寝る。こんなふうに子どもが「!」となるシー

ンは作ることができます。子どもが目を輝かせるのは、心が
おどるほど興味を持った証拠。「もっとしたい、知りたい、
上手になりたい」と自然に思うようになり、考える力につな
がります。

▶ 愛情という「甘い綿菓子」で満たす

　一方で、不安な気持ちを抱いている子どもに大人ができ
ることはなんでしょうか。ある友人から聞いた話です。3歳
の時に両親が起業して忙しく、おばあ様が世話をしてくれて
いたものの、心細かったのか体調がわるく、嘔吐を繰り返
すような激しい咳が続いていたそうです。

　真夜中のこと、おばあ様が友人の背中をさすり、泣きな
がら「わたしが、代われるものなら、代わってあげたい」
と言ったそうです。3歳ながらも、ハッとおばあ様の気持ち
を理解し、「甘い綿菓子が口からお腹に入ったようだった」
と表現してくれました。甘い安心感に包まれ、それ以来、夜
中の嘔吐も体調のわるさもすっきりと消えたというのです。
友人は50歳を過ぎた今でもその時のおばあ様のお顔を
はっきりと覚えているそうです。このエピソードの「甘い綿
菓子」は、彼女を「満たしてくれた」ものであり、3歳の
子どものボキャブラリーにはまだない「愛情」を体感した
瞬間だったように思うのです。

子どもが不満を
ためているみたい……

小さな「できた」を認めてあげましょう

▶ 猫かわいがりでは子どもは満たされない

「なつく」「なつかれる」という言葉があります。人と人が「親しくなる」表現の1つだと思いますが、幼児（や部下、後輩など）に多く使われる言葉です。そして、「犬」「馬」などの動物に使う言葉でもあります。わたしは、たとえ幼児であろうと、この言葉を使うことを好みません。**動物をかわいがるような、一方的な愛情では、子どもは満たされないし、良い関係が築きにくいと思うからです。**

たくさんのおもちゃやお菓子を買い与えても、一時の喜びだけで、気持ちが満たされるわけではないのと同じです。

▶ してほしいことを子どもに質問してみて

また、子どもの成長に欠かせない勉強やスポーツ、楽器のおけいこなどで、親の思い描く「大学進学」「スポーツの選抜選手になる」「コンクール入賞」というようなゴールに到達するのは、長い先になります。ゴールはないのかも

しれません。毎日の練習や学習で重ねる小さなステップを「今日は、まだ、これしかできない」と思うのか、「今日は、ここまでできるようになった」「今日のここは、楽しくできた」と思えるのかで、子どもの表情は違ったものになります。親からまだまだと「ダメ出し」をされてばかりいると、笑顔が少なくなってしまうことがあります。

　ただごきげんをとるような扱い方も、きびしい叱咤激励も、親が「子どもによかれと思って」していることですが、どちらも子どもは満たされないと思うのです。両方とも子どもへのリスペクトが欠けているように見えるからです。

　愛情を伝えたいのであれば、子ども本人が欲していることを知ることから始めなければなりません。「どうしてほしいのか」「何をサポートしたら良いのか」を子どもに質問してみてください。幼いながらも自分で考えて、答えてくれるはずですし、問うてくれる大人の愛情を感じて「満たされる」と思うのです。

　気持ちを知ることから始めると、子どもと気持ちがつながることができ、親自身も安心することで「親としての自信」がはぐくまれていくように感じます。

「自分でする」という
意欲がないようす

試行錯誤する時間を
たっぷり与える

▶ 靴を履くだけでもたくさん学べる

　子どもが自分の身の回りのことを自分でできるようになるには、やってみて慣れるしかありません。例えば、靴を自分で履けるのは2歳くらいから。つま先を中に入れ、かかとをしっかりと靴の中に収めるために足に力を入れたり、かかと部分を踏んでしまっていたら手で引っ張り出したり、がんばりどころがたくさんあります。

　まずは、子どもが試行錯誤しているのを見守る心と時間の余裕を持つこと。子どもががんばっているのを少しだけ手助けして、でも最後は自分でできた！と達成感を持てるようにするのを繰り返すと、いつの間にか上手になっていきます。ところが、忙しくて待てなかったり、まだ無理だと思って親が履かせてしまっていることが多いようです。同じ2歳の子が、自分で靴を履いていたら、「ああ、あの子は器用なんだわ」「女の子だから成長が早いのね」とか「うちの子は、やりたがらないからしょうがない」「保育園に通って

いる子は早い」と思ってしまっていませんか。

▶ **「自分でできた」を達成感に**

いつか履けるようになるのですから、急ぐ必要はありません。ただ、子どもに「自分で履きたいな」という気持ちが出てきた時には、ぜひ試行錯誤する時間を与えてあげてほしいなと思います。

はじめは、スポッと履きやすい長靴で達成感を得られるようにするのも良い方法です。靴が履けることよりも、その履こうとする過程で、工夫する力や、手指の使い方、足の運び方や靴をどう置いてみるか等、頭の中にたくさんの経験が積み重なります。それが「生きる力」の一歩のように思えるのです。たかが「靴を履く」だけのことですが、見守る周りの大人の意識によって、意味が深い、学びの多い時間になるものです。

一生懸命「靴を履く」チャレンジをしている2歳さんは、見ているこちらが感動するくらいに真剣。できた時の達成感にあふれた表情は本物です。**そんな日常のささいなことの中にも「自己肯定感」を養うチャンスは転がっています。**

method 16 花の水やりなど 朝のお手伝いを習慣に

▶ おすすめの植物その1・ラディッシュ

　毎朝子どもを起こすのが大変! というママも多いのでは。園長時代、花の水やりをお願いしたら朝起きる習慣がついた、という話を聞いたことがあります。わたし自身も娘に頼んだら、喜んで毎朝、野菜の水やりをしてくれた思い出があります。夏野菜やいちごなどいろいろな植物を育てましたが、その中で、子どもと一緒に育てるのに特におすすめなものが2つあります。

　1つ目がラディッシュ、二十日大根です。二十日という名前がつく通り、種をまくと、どんどん大きくなって、本当に20日ぐらいでラディッシュが収穫できます。

　春にまいて、暖かくなるにつれぐんぐん伸びていくので、子どもが飽きずに毎日水やりを楽しんでくれます。子どもはせっかちなので、ゆっくり育つものは忍耐力が続かないのですが、ラディッシュなら大丈夫です。

▶ おすすめの植物その2・綿

　もう1つは、綿、コットンです。クリスマスシーズンに、お花屋さんのリースの飾り付けなどで目にする機会があるかもしれません。とても丈夫な植物で、種から育てることができます。夏に大きな花が咲き、冬に立ち枯れると、お花の部分に綿ができます。ぱかっと割れた中に白い綿が詰まっていて、子どもはとても喜びます。**それを摘んで撚ると綿糸になり、それで普段着ているシャツやハンカチができていると話すと、とても印象に残ったようです。そして他のものについても「元は何からできているんだろう?」と考えるようになりました。**

　ほかにも、「大豆がみその原料だよ」ということを知っている子どもは多いかもしれませんが、枝豆が熟して乾燥したものが大豆だということまでは、意外と知らないものです。苗や大豆から育てて、枝豆のまま食べてもいいのですが、食べずにそのまま完熟させて、枯れたカラカラの状態にすると大豆になります。大豆ができるまでがわかると、おみそ、お豆腐、お揚げがグッと身近になると思います。

　朝日の中、子どもと「伸びたね〜」などと言いながら、植物のお世話を楽しんでいただくと、たくさんの学びにつながっていくと思います。

method
17

子どもの「やる気」を 親がそがないで

▶ **してあげるのは正解じゃない**

　手を伸ばして、前にあるものをつかもうとしている子ども。その子どもに、「はい」とほしいものを予想して取ってあげることが、親切でしょうか? 取ってあげるのではなく、よく見守りながら、自分で取れるように援助してあげるのが、わたしは正解だと考えています（時と場合にもよりますが）。

　子どもの「取りたいという気持ち」が、主体性をはぐくみ、「自分で取れた!」という達成感は、素敵な笑顔となって、自信をはぐくむからです。

> 朝食に、子どもが好きなコーンフレークを出しました。すると「こぼした!」という声が。私は手が離せず、そのまま放っておくと、キッチンに来てほうきとちりとりを持ちだしました。ついていくと、「自分で!」と言ってこぼしたコーンフレークをそうじする手ぶりをしていました。もちろん、ほうきを振り回すだけですが。
>
> —— 2歳児さんの連絡帳から

▶ 結果は求めず、過程を見守って

　朝の忙しい時間の中で、子どもがやろうとする意欲を大切にしている様子がよくわかります。時間に追われる大人は、どうしても「親が片づけた方が早い！」と合理的に考えがちですが、子どもの気持ちに寄り添うと大人の行動も変わってきます。この子が園での活動で、いつも楽しそうに意欲的である理由がわかったような気がしました。子どもの「やる気」が、大人の尺度では、とても迷惑に感じることがありますが、育っていく過程のひとコマだととらえられれば、子どもの「やる気」「意欲」をくじくことなく成長させてあげられるものです。

　大人の決めた尺度にはめこもうと必死になるよりも、子どもの心に寄り添うほうが、子どもは安心して素直にまっすぐに成長します。「結果よりも、プロセスを重視して声をかけていく」こと、それが、子どもの飛躍的な成長の土台になると思っています。

method 18

「手でいちごをつぶす」ような、小さな挑戦から

▶ いけないと言われていることをしてみたら

　子育ての本にはよく、IQや偏差値も無意味ではないが「やり抜く力」や「好奇心」こそが、人生をハッピーに生きていくには大切だと書かれています。では、その「やり抜く力」「好奇心」はどのように養われるのでしょうか?

　おいしそうないちごが目の前にあったら、幼い子どもは、好奇心いっぱいに手でつかみ、勢いあまってつぶそうとするかもしれません。赤い果汁がテーブルや洋服にとびます。そんな時にママはそれを制します。当然のことです。

　園長時代、いちごのジャム作りを行いました。「今日は、いちごジャムを作ってもらいます。やりたいお友だちはいますか?」「は〜い!」と元気な声が響きます。「はじめにいちごをつぶしてもらいますよ」と先生が言うと、「ええ〜。つぶすの〜!?」「どうやって?」と不思議そう。「みんなの手でつぶしますよ! 手は、きれいに洗いましたね?」。そして、半信半疑の子どもたちは、小さな手にあまるほどのサイズ

のいちごを、手のひらにのせてもらいます。「食べもので遊んではいけません」と言われている子どもたちは、ドキドキ。なかなか指に力が入りません。顔を見合わせて、困った表情に。「力を入れて、ぎゅっとつぶそう！」と先生が励ますと、1人が勇気を出して、ぎゅっと赤い果汁をとばしました。「すごい、すごい。そういうふうにつぶしてほしいのよ！」と先生が歓声を上げると、いっきにほかの子たちもつぶし始めました。甘い香りが部屋中に広がり、子どもたちは、イキイキとした表情になりました。

▶ 初めてのワクワクを生活にとり入れて

　「いちごを手でつぶすのはいけない」という日常のルールから一歩踏み出して、「つぶすと、どんなふう？」という好奇心を満足させ、小さな手でつぶす難しさを乗り越えて達成感を味わいました。帰りにジャムを持ち帰る時には、ママたちに「いかにがんばったのか」を興奮気味に話している子が多く見られました。「やり抜く」「好奇心」をはぐくむことは、そんな「いちごを手でつぶす」のような行為にもあるのだな、と子どもたちに教えられました。

緊張しやすく
自分の力が出せない

method
19

失敗は恥ずかしくないと
思わせてあげて

▶ 緊張の原因は失敗を恐れる気持ち

　子どもにとって「失敗」とは、どういうことでしょう?

　ママに叱られること? 言われたことができないこと?

　まだできないことが多い幼い子どもが、失敗や間違いを恐れていては苦しいことばかり。「知らないこと」を恥じるのではなく、「知ることができて、よかった」ととらえられるように、周りの大人は声をかけたいものです。

　「緊張してしまって、人前でお話ができません」というお悩みを受けることが、よくあります。わたし自身、子どもの頃、発表会などで緊張することがよくありました。緊張すると、練習の時の80%くらいの残念な出来になってしまうものです。緊張の原因は「失敗は恥ずかしいこと」という気持ち。この気持ちがどこから来たのかと考えると、母からの「ちゃんとやりなさい」「なんで、間違うの?」という何げない言葉の中に、「失敗しないで」「間違いはよくない」というメッセージを感じていたためです。間違うのはダメなこと、

失敗するのは恥ずかしいことという気持ちが必要以上に育ってしまうのはとても危険。行きすぎると、間違ったり失敗したりするのはダメな人だととらえるようになり、他人に対してもきびしい態度になってしまいます。

▶ ストレスに負けない心を育てて

失敗して初めて気がつくことも、たくさんあります。失敗の原因を探り、それを直す気持ちがあれば、失敗は単なる失敗ではなく、新たな課題の発見になります。「心が折れる」という表現を最近よくします。「折れる」という言葉は、硬くて細いことを連想させます。柔らかくて、弾力のある心であれば、折れずにやり直せるし、ストレスを受け止められると思うのです。子どもも大人も**「そうか、間違えちゃったな。次、がんばろう！」**と明るくとらえられるような柔らかな心と、**「次は失敗しないぞ」**という自分の誇りを大切にできるバランスを保ってほしいものです。

父は、わたしによく自分の失敗談をしてくれていました。どんなに自分がみっともない失敗をしたかをほろ酔いの時に笑いながら。**「失敗はいつか笑えるようになるものだ」**と教えてもらった気がしています。

工作や絵が
得意ではないみたい

method
20

準備する力や
段取る力を身につけさせて

▶ **工作に必要なのは生活の中で得ていく力**

　園の工作の時間に、用意されたたくさんのものから「必要な材料や道具を、自分で用意してくださ〜い！」と声をかけます。すると、さっと必要なものをそろえられる子がいる中、いつまでもボーッとしている子がいます。キョロキョロしながら、お友だちのまねをする子もいます。材料を取りに行ったのはいいけれど、何を作るか自分で考えられない子もいます。

　このような子どもたちを見ると、**工作以前に生活の中ではぐくまれる力、「話を聞く」「その話から、自分のすべきことがわかる」「必要なものの用意ができる」ということが、いかに大切かを感じます。**工作は、総合的な力がものをいう活動。テーマ、材料にそって、自分のアイディアをどのような作品にしていくのか？ その工程を考え、必要なものを見きわめ、途中で修正しながら、完成まで1人で作業を進めなければなりません。そこには、順序よく進める力、進めて

いくうちに起きる失敗を乗り越え、自分のアイディアを盛り込みながら、投げ出さずに続ける力が必要です。

▶ 自分でやってみる、が大事

ママの中には、上手な絵を描くことや素敵な工作作品ができることをゴールだと考える方もいることでしょう。練習すればできるようになると考え、たくさんの課題をこなすことに重きをおくママもいらっしゃるでしょう。

実は、子どもが絵画や工作をする時に必要なのは、"自分で生活している"という「実感」です。日々の生活の中で、準備をする力、段取る力を身につけておくことが必要。さらに製作の過程で、自分がこれまでに体験した「きれい！」「すごい！」「こうしたい！」が注がれると、作品に勢いやその子のオリジナリティが表現されるのです。

「片づけはしなくていいから、お絵かきをいっぱいしてね」「材料はそろえてあるから、工作を作ってみて」では、順番が違うと思います。日常生活を自分で支える意識を少しでも子どもに持たせ、工作でも準備や片づけも含めて自分でやってみる経験を蓄える。こういう一見、地道だけれど、子どもが"自分で生活している""自分が体験した"実感を持つことが、工作の創作には必要だと思うのです。

method
21

「子ども扱い」はやめる。
頭ごなしの注意は控えて

▶ **年長さんは自我が芽生え始める年齢**

　年長さんになると、幼稚園や保育園でも最高学年ということで、子どもたちは自然とキリッとします。これまで憧れて見上げていたお兄さんお姉さんと同じ扱いを受けることに胸をおどらせ、年下の子のお世話をしたり、模範的な姿勢を見せるような責任ある態度になっていきます。

　この頃から気をつけたいのが、思春期にも似た自己主張や自我が芽生え、ママへの批判的な言動が増えること。早熟なタイプの子ども、特に女の子に多い傾向があります。

　「ママがそう言ったからやったのに、うまくいかないよ!」「ママのせいで、失敗した」「ママだって忘れちゃうくせに、なんで僕ばっかりしかられるの?」といった言葉を聞いて、つい昨日まで「ママ。ママ」と素直に頼って甘えてくれていたはずなのに、と驚かれることでしょう。

　これは、**自分のことを客観的に見られるようになり、「できないこと」へのいら立ちや、ママの理想に自分が届いて**

いないことを感じて、メンタルが不安定になっているためです。

▶ 言い方を変えるだけで解決することも

「子ども扱い」をやめて、「1人の独立した人」のように対応をすることで、解決する場合が多いものです。例えば、新入社員さんへ言葉をかけるように。

ゲームなどやめてほしいことがある場合には、「ママはこう思うのだけど、どうかしら? 意見を聞かせて」と問いかける。忘れものをしそうな時には、「ママも忘れちゃうから、ここに出しておくのはどうかな?」など、配慮ある言葉に変えるだけで、子どもの態度が穏やかになるはずです。こちらに非があれば、「さっき言ったことは、間違っていたわ。ごめんなさい」と親でも素直に謝ることが大切です。ママと娘が女同士のバトルになりそうな空気の時には、パパにうまく間に立っていただきたいなと思います。

まだ5歳の子どもに、そんな配慮が必要になっているなんて、思いもよらないかもしれません。娘を溺愛しているパパに対して、自分の意志を通すために娘が上手に甘える場面を見ることもあります。親に対して批判的な言動がふえたり、自己主張をうまく通そうとしたりするのは、文字が読めるようになることと同じように、成長の証の1つです。

method
22
けんかへの対処法など
考え方が近い園を

▶ **あなたが正しいと思うのはどちらですか？**

A：早くから、きちんとしつけをするのが望ましい。子ども自
　　身の習慣にするには時間がかかるから。

B：ゆっくりその子のペースで進めるのがいい。理解でき
　　ないうちから、頭ごなしにルールを押し付けるのは、子
　　どもにとって苦痛だろうから。

A：子どもが転んだ時には手を差し伸べてあげたい。

B：自分で立ち上がるのを待つのがいい。

　子どもへの接し方にはさまざまな考え方があり、どれも、
その家庭にとっての「正解」なのだと思います。ただ、家
庭と保育園や幼稚園の間で、その2つを行き来する子ども
の立場に立ってみると、その2つの世界がゆるやかでも共
通の考えを持っていることはとても大切な気がします。

　例えば、2人の子どもが、おもちゃの取り合いをしていて
手が出てしまいそうな状況の場合。たたいてしまう前に止
めてほしいと願う家庭と、小さな子どもの力なのでたたい

たら相手が泣いてしまうことを体験し、他者の気持ちへの理解を深めてほしい、たたかれた子どもも、なぜそうなったのかを考えてほしい、と考えている園があったとします。考え方に大きな違いがありますよね。どちらも不正解ではありませんが、平行線です。このように生活のさまざまなシーンには、ことの善悪をつけにくいことが多々あります。

▶ 園や小学校は事前によく調べて選んで

何を良しとするか、どう育ってほしいのかについて、同じ園に通うすべての家庭の希望に沿うのは、園という集団生活の場では、なかなか難しいことです。

しかし、理想とする環境、望ましいと感じる対応が、家庭と保育園や幼稚園、小学校で近しいと、お互いに気持ちよく過ごすことができそうです。**保育園や幼稚園、小学校は子どもが通う前によく調べて、家庭の考え方に近い環境を選ぶことが大事だと思います。**保育園や幼稚園の公開保育、小学校の学校公開の日には、ぜひ親子で足を運んで、実際にわが子がこの環境にいる姿が想像できるか？ を感じてみてください。また、**子どもの感想にもよく耳を傾けていただきたいところです。**

パパの存在感が
家の中で薄いかも

^{method}
23 社会の決まりや礼儀を
伝える役割に

▶ **パパを軽んじるようなことを言っていませんか**

　ママが、パパのことを日頃の言動の中で、頼りにしたり、敬意を表したりすることって、とっても大事です。もちろん逆もしかりですが。

　子どもは、日々の生活の中で、自然とママの言動に大きな影響を受けるもので、ママが冗談でも、パパのことをないがしろにしたり、軽んじるようなことを言ったりすると、子どもは、そうなんだ、と思ってしまいます。その言動をいろんな人に話してしまうようなこともありえます。

▶ **家庭内で冷静な判断をくだす役割に**

　たいていのママは、子どもが幼い時期には、子どもと一心同体のような時間を過ごしています。パパは、子どもとの距離がママよりは少しあるので、しつけなどで冷静な判断をくだすことができることが多いように思います。だから、パパの権威が家族の中で当たり前に重んじられていること、

それは、家族が冷静で論理的な判断ができるきっかけを作ることになるようにも思います。

　たくさんの親子の方々とお付き合いをさせていただく中で、**「だめなものはだめ」と威厳を持ってキッパリと社会規範や礼儀を伝える役割の父性（ママが担っている場合もあります）が発揮されている家庭の子どもは、自信を持って「これはわるい」「これがいいこと」と判断できるので落ち着きがあります。**やさしすぎるパパ、愛情があふれて子どもの言うことを全て肯定してしまうパパと、それを「甘い」と残念に思っているママの家庭の子どもは、わがままの行き過ぎや、興奮してしまった時に自制ができない、などの不安定さが見られることがあります。

　どうか、パパへの敬意をママ自身が子どもに自然に伝えられる日常をお過ごしください。子どもにとって「ダメなパパ」ではなく「自慢のパパ」だと思えることは、自分自身もそんなパパの子どもであるということで、自己肯定感につながります。信頼できるパパやママの言うことは、素直に聞けるし、子どもの心を落ち着いた状態にしてくれます。

method
24

「大好き」という気持ちを
まっすぐに伝えて

▶ **親に愛されているか不安な子どももいます**

　親はわが子が好きで、子どもは親が好きなのは当たり前だと思っていませんか? 本当にそうなのでしょうか? 子育てのお悩み相談では、「兄弟で下の子はかわいいけれど、上の子が好きになれない」とか「自分の子どもなのに、気持ちが通い合えている気がしない」というお悩みをいただくことが少なくありません。

　そして、園長時代に感じたのは、子どもはみんな、親のことが大好きだけれど、自分が好かれているのか不安を感じている子も案外多いということ。特に兄弟姉妹がいると、比べてしまうのか、そんな気持ちが強いように見えました。一人っ子であれば、そうではないかといえば、そんなことはありません。お友だちのママはやさしいのに、うちのママはきびしくてほめてくれないと不安に思っている場合もあります。

▶ 心の中の思いを言葉にして

　親からの愛情に満たされていて自信がある子にしたいと望むのであれば、方法があります。当たり前だと思っていることを言葉や行動で伝えることです。海外のドラマや映画で、よく親が子に「ラブユー」と言いながらハグをしたり、「あなたが自分の子どもで誇らしい！」と子どもに言っていたりするのを観たことはありませんか？ 日本人はそんなことをするもんじゃないとか、恥ずかしいとか言って、愛情の出し惜しみをしても、得をすることはありません。**心の中にある子どもを思う気持ちを素直に出すと、子どもはうれしくて、自分も素直に親に気持ちを出せるようになるのではないでしょうか。**

　「○○ちゃん、大好き！」と言うのに抵抗があるなら、「○○ちゃん、おかえり。元気に帰ってきてくれて、うれしい」くらいでも。笑顔と一緒に伝えるだけで、子どもは、満たされると思います。または、記念日以外のなんでもない日に、大好物の料理を作ったり、子どもの好きなケーキやお菓子を買ったりして、サプライズをするのもおすすめです。「え？ なんで？」と驚く子どもに、「○○ちゃんが、いつもママに元気をくれるから、お返し！」と伝えると、照れながらも、ニコニコしてくれるはずです。

遊び感覚で英語に親しむ おすすめ教材①

　幼児期からの英語の学び方については168ページで触れています。娘と取り組んだ、英語を「嫌いにならないように」楽しみながら触れられる教材をご紹介します。

絵本:「Oxford Reading Tree シリーズ」

　130か国以上で親しまれており、英語ネイティブの子ども用に作られたCD付きの絵本。シリーズは300冊以上（国内販売は約200冊）あり、小さな子どもでも読みやすいようにレベル分けされています。現在はOxford Reading Clubというサービスがあり、シリーズの300冊を含む、約900冊の電子書籍が読み放題。娘の幼児期には紙の絵本しかなかったので、Amazonで購入していました。

英語教育アプリ（無料）:Khan Academy Kids

　英語を頭で覚えるのではなく、感覚で理解させたいと考えるママにおすすめです。簡単な足し算や引き算、パズル、迷路や、英語の絵本のネイティブスピーカーによる朗読などで、英語に親しめます。やさしいパステルトーンの色合いとかわいい動物のイラストがキュート。2歳くらいから、遊びの1つとして使ってみてはいかがでしょう。

親の影響を
軽く見すぎていませんか?

2章

「コミュニケーション力」をはぐくむ

誰とでも仲良くできて、人間関係に悩まない子どもになってほしい。そのために環境に気を配ったり、声かけをしたりしたいもの。普段の親の接し方からも子どもは多くを学んでいるので、そのことを意識して子どもと向き合いたいですね。

人見知りするのが
心配です

method

25

「あなたのままで素敵」と
子どもに伝えて

▶ 恥ずかしがるのは成長のあらわれ

　乳幼児期に、人見知りが強く出る時期があります。自分中心の世界から、他人の存在を意識するようになり、他人からどう見られるかについて感受性が高まるからです。視力が発達して、人の顔がはっきりと見える時期とも言われます。また性格的に恥ずかしがり屋さんという場合もあります。ママや兄弟が自分の代わりに他人と話してくれるような場合には、人見知りの状態が長く続くこともあります。

　はにかむ、恥ずかしがる、というのは決してマイナスなことではありません。相手がどんな人かを確かめる賢さや、初対面の方に自分を見せるのをためらう繊細さ、相手にどう思われるのかを恐れる慎重さなど、いろいろな心の動きが織り込まれている感情表現です。

　ただ、人見知りが強くて、なかなかお友だちと打ち解けられない、初対面の大人の前で固まってしまう、という子どもの様子を心配されるママもいます。「どうしたら、誰とでも、

仲良くできるようになりますか?」などの質問をいただくことがよくあります。

▶ 自分が好きな子どもは積極的になれる

まず大切なことは、その子自身が、自分のことを大好きであること。そのためには、周りの大人が常に「あなたは、あなたのままで素敵だよ」というメッセージを送り、たとえ間違ったことをしても、その原因に共感してくれる環境や時間が必要です。

自分のことが大好きな子どもは、物おじすることが少なく、チャレンジ精神にあふれた活動をします。逆に、日頃から細かなダメ出しを受けて傷つき、自分に自信が持てないと、受け身な活動がふえます。怒られない方法として、何もしない、周囲の大人が気に入ることをして自分のやりたいことをやらない、という消極的な態度にもなります。

ただし、自分が大好きでも、人見知りが強い子どももいます。他人に興味を抱けない、他人が怖いと感じる、他人との感覚のズレやこだわりの強さから、他人と理解し合えないような場合もあります。そのようなケースは、専門家に相談する機会を持つことも、必要だと思います。

method
26

子ども同士はもちろん
大人にもいっぱい会わせて

▶ 人と会う回数が多いほど仲良くなりやすい

　子どもに「いろんな人と仲良くしてほしい」と望んでいる場合に有効なことは、その子にとって「好きな人」「素敵な人」に出会う機会をたくさん持つこと。初めのうちは恥ずかしがったり、どんなふうに振る舞ったらよいのかがわからなかったりしても、回数を重ねることと、子どもならではの高い順応性で、「親しくなる」という行動に慣れていきます。とにかく、無理のない範囲でいろんな人に会わせる機会を作ること。**公園や児童館はもちろん、親戚や親の同僚、学生時代からの友だちなど、つながりのある大人にもどんどん会えるとよいと思います。**子ども自身が好きだなと思える方との出会いが楽しく積み重なっていけば、自然と「楽しい人がいっぱいいる」という記憶がふえていき、人との出会いがうれしいものになるはずです。

▶ 人との関わりが幼児期に育てたい能力を伸ばす

　2015年にベネッセ教育総合研究所・次世代育成研究室が実施した「第5回 幼児の生活アンケート」*によると、1990年の「出生率1.57ショック」後、1995年からの20年で、もっとも変化したのは、幼児の成育環境とのこと。友だちと遊ぶ機会が減り、親と過ごす時間がふえ、友だちとの関わりが希薄になってきているというのです。幼児期にこそはぐくまれるべき、自己の形成、他者との協調性、自己抑制といった**「社会で生きていくためのスキル」には、お友だちとの関わりや、多様な大人との出会いが必須**です。基本的な人への信頼感や人との関わり方は、実際に多くの方々と関わる中で、喜びや楽しさ、悩みや葛藤を味わいながら学んでいくべきものでもあると報告されています。

　人見知りは、繊細な人がなりやすいと言われています。そのため、人見知りの人は周囲や他人の空気を察知する力にたけた人が多く、「リーダーの資質がある」という有識者の見解もあるほどです。「人見知り」がわるいことと決めつけずに、克服できるための関わりをしながらも、その子自身の個性を大切に見守っていきたいですね。

*参考：第84回 幼児に、"多様な人と関わる機会"を～「第5回 幼児の生活アンケート」より、幼児の成育環境の20年間の変化～
https://berd.benesse.jp/jisedai/opinion/index2.php?id=4775

初めてのお友だちと
遊べません

method
27
子どもだけで参加する
キャンプ体験がおすすめ

▶ 経験がないとすぐに仲良くするのは難しい

「初めての場所や人の前でかたまってしまう」

「いつも誰かから誘われるのを待っている」

「自分の意見を言えない」

「リーダーシップが発揮できない」

　そんな状態の子どもを見て、引っ込み思案で心配、これは依存心が強いからかしら？ 大きくなってもこのままだと困る、と心配をされているママも少なくありません。「もっと自分から率先して行動できる子どもになってほしい」と思ってしまうこともあるでしょう。

　幼稚園・保育園や習い事の教室など、よく知っているお友だちがいる場所で、お友だちと仲良くできていれば心配いりません。お友だちになるまでに時間がかかる慎重なタイプなだけです。接する機会の多い、同じメンバーでいると、その関係が濃くなり、家族のような感覚になりますよね。それはそれでとても安心できる大切な関係です。しかし、直接

自分からお友だちを作る経験が乏しいと、お友だちになるために初めて会う子どもにどんなふうに話しかけて良いのかわからないままです。

▶ ほかの子どもから良い影響も

その意味から、**子どもだけで参加できるイベントやキャンプなどの体験がおすすめです。**娘の経験ですが、年中さんの時にスキーキャンプに1人で参加させました。同じ部屋の「初めまして」の子たちと一緒に寝起きをする中で、自然と友だちになっていったそうです。某伝統校の幼稚園児さんもいて、とてもお行儀の良い生活ぶりを目の当たりにし、帰宅してからのご挨拶や片づけが激変しました。

初めて1人で参加するには、日帰り外遊びや工作教室から試してみてください。知らない外遊びのルールを教えてもらったり、工作の器用な子に驚いたりする中で、子ども同士のおしゃべりが自然に生まれます。

「初めてのお友だちと遊ぶ」というのは、実体験がないと、大人がいくらやり方を説明しても、子どもにはチンプンカンプンです。**人と接するコミュニケーションについても、経験からしか学べません。近道はありません。**

子どものけんかは
止めるべき？

子ども同士のいざこざで
人との関わり方を学べる

▶ 子ども同士のふれあいを見守って

　人との関わりあいを学ぶ「社会性を身につける」ことはとても大切。ところが一人っ子のように、大人に囲まれている時間が多く、同年代のお友だちと関わる時間が少ない子どもにとっては、自分の言うことを聞いてくれなかったり、やさしく接してくれなかったりする「子ども」との関わりは、時に恐怖を感じるものです。兄弟姉妹がいる子どもなら当たり前に身につけている、突進してくる子どもを避けることや、取り合いになった時にあきらめてゆずるなど、様子を見ながら行動することが、難しいのです。人との関わり方を知らないままでいることは、その子に劣等感を与えてしまったり、人と協力する楽しみを奪ってしまったりする場合があります。人と交わった経験がなければ、他人の気持ちを考え、自分の思いを上手に伝える方法は身につきません。

　3歳までの幼い時期はうまく話せないので、とても直接的で本能的な行動をします。押し合いになったり、ものを取

り合ったり、友だちの手をつかんでみたり。親愛の情で子どもがした行為が、大人から見ると危険な行為に見えることもあります。慎重に接していくべきことですが、すぐにやめさせてふれあいを減らすのは、どうでしょう。もちろんけがは防ぎやすくなりますから、大人は安心です。しかし、この時期にこそ養いたい「社会性」を身につけるチャンスを減らしていることになりかねません。

▶ やり合っていても「お互いさま」の気持ちで

「自主性がある」「自己肯定感がある」子どもに育てたいと考えるならば、子ども自身に多くの人との交わりを経験させて、自分を表現していく術を身につけさせていくしかありません。大人が子どもの代わりに何かをすることは、子どもの学ぶ機会を奪っていることになるのです。

人の集団である社会では、どちらか一方だけがわるいということはあまりなく、それぞれの言い分の中で折り合いをつけていかなければなりません。その最初の一歩を子どもたちは公園や保育園、幼稚園で学んでいると考えて、**大人の見守る中で「お互いさま」の気持ちを持ってやり合う自由を与えてあげたいと思います。**

友だちにゆずれる子に
するには？

method
29

子どもが甘えたい時に
しっかり甘えさせる

▶ 子どもが自己中心的なのはしかたないこと

　お友だちに「貸して」と言われたら、今使っているものを「いいよ」とゆずる。「入れて」と言われたら、初めて会った子でも「いいよ」と仲間に入れる。

　大人にとっては、当たり前だと思われるこんな行動ですが、自分中心に生きている幼児にはとても難しいことです。大人が「貸してあげない」「入れてあげない」という利己的な行動をしたら、「自分さえよければ相手はどうでもいい」と思っている困った大人です。

　しかし、幼児期（2歳から7歳くらいまで）の自己中心的な考え方や行動は、大人のそれとは全く違うもの。大人の困った人の行動と同じに見えてしまうので、「なんて、わがままなんだ！」と心配してしまうパパやママも多いのですが。

　幼児期は、まだ自分が世界の中心にいて、自分を客観的に見ることができない発達段階です。お友だちが違う考え方や感じ方をしていることも理解できません。児童心理

学者のピアジェによれば「自分が楽しいと相手も楽しい」というとらえ方こそ幼児期の特性だとしています。

▶ ゆったりとした気持ちで子どもに接したい

だからと言って、「貸してあげない」「入れてあげない」という行動をよし、とはしにくいですね。子ども自身が快く「いいよ」と言えるようになるには、何が必要なのでしょう。

園長時代に、たくさんの幼児を観察できる職にあった時に、「ゆずる」や「仲間に入れてあげる」を快くできる子どもには共通した特性があることに気がつきました。「親に充分に愛されていると、本人が感じている子」です。具体的には、「日常でしっかりと親に甘えたい時に甘えさせてもらっているから、ゆずってあげる心の余裕がある」「親から自分がゆずってもらう経験をたくさんしているから、それをロールモデルとしてまねができる」「仲間がふえると楽しいと思える経験を、親自身の行動から感じている」などです。そう考えると、**親自身の心の余裕が、実は大切だと見えてきます。**

友だちにおもちゃを
どうしてもゆずれない

method
30

特別なおもちゃなら
想いを尊重して

▶ **自分のおもちゃを貸せないのはダメなこと?**

　子ども同士で遊んでいると、おもちゃの取り合いになることがよくあります。

　例えば、お友だちが遊びに来て、おもちゃを使いたがった時に、自分の子に「あなたはいつでも遊べるんだから、貸してあげようね」と言っていませんか。それは、ゆずり合いを教えるいい機会です。**ただ、その子にとって、とても大事で、どうしても貸せないおもちゃの場合、むりやり「貸してあげなさい」と言うのは違う、とも考えています。**

　「順番に使おうね」「この遊びが終わったらね」という声をかけて、お友だちに少し待ってもらってみるのはどうでしょう。それでも貸せない場合は、「これはしまっておこうね」と片づけてしまってもいいと思います。

　そのおもちゃを「誰にもさわらせたくない」という想いがあるとしたら、それをむりやり貸すことは、子どもにとって、とても大きな喪失感につながると思うからです。

▶ おもちゃがただの「もの」ではない場合も

　親は、おもちゃを貸せることが良いことだと思いがちですが「常に貸さないといけない」と思わなくていいのです。

　子どもにとって、おもちゃというのは、ただの「もの」ではなく、さわられたくないくらい大事な「何か」である場合があります。「この子にとって、このおもちゃはどういう存在なのか?」と考えて、その気持ちをくんであげたいなと思います。

　大人であれば言葉で説明することができますが、幼い子どもは、「なぜそれを大切に思っているのか」という想いをうまく伝えられません。たとえ小さな子であったとしても、大切にしている気持ちに土足で踏み込んでいくようなことはしたくないですね。

　その子が「大切に思っているもの」や「想い」を大事にしてあげることは、大きくなった時に、「大切なものは誰にも奪われないし、相手の大切なものもむりに取り上げてはいけない」と考えられるようになる土台になります。相手の「想い」に気持ちを向けられるようになるためには、まず「自分の大切なものは守ってもらえるんだ!」と信じられることが、最初のステップになります。

家にお友だちを呼ぶのが
苦手です

method
31

人と関わる力を伸ばすのに役立つので、ぜひ！

▶ 呼ぶ、呼ばれることで学びが得られる

園で多くの子ども同士の関わりを観察していると、協調性があるか、自分の意見を言えるか、楽しく遊びに参加できるか、ルールを守れるか、ゆずったりゆずられたりを気持ちよくできるかなど、身についている「社会で生きていくために必要な力」が、子どもによって、それぞれに違うことがわかります。

そんな人とのコミュニケーションの力を伸ばす方法の1つが、「自宅にお友だちを呼んで遊ぶこと」です。特に一人っ子には、良い経験になるはずです。もちろん、お友だちの家に招待していただくことも、自己中心的な幼児にとっては、「アウェイ」を経験することになり、さらに学びの多い時間になります。

まず、自宅にお友だちを呼んだ時に起こるのは、「自分のもの」であるおもちゃを貸したくないというトラブル。だって「自分のもの」ですから。それでは一緒に遊べませんよ

ね。取り合いになってこわしてしまうなどというアクシデント
もよくあることです。そんな中で感じる怒りや嘆き、そして仲
直りの気持ちよさ。自分のホームであるからこそ子ども自
身の味わう喜怒哀楽は、幼児にとっては刺激が深く濃いも
のです。**言いたいことを言う機会や、感情を表に出す練習、
仲直りのプロセス、そのどれもが子どもの心が広く、強くな
るチャンスになります。**

▶ 子どもと一緒にする準備にも意味がある

友だちを招く準備は、ママにとっては大変かもしれませ
ん。でも、掃除をしたり、おやつの準備を子どもと一緒にす
ることで、お友だちを招くワクワクする気持ちを楽しんだり、
どんな準備が喜ばれるのかを考えたりする意味ある時間に
なると思います。この準備は、先々の人生でも役に立つは
ずです。

また、そんな経験があると、**訪問先での振る舞いを、受
け入れ側はどのように感じているのかを考える機会になりま
すし、礼儀正しいことと、ご迷惑なことなどが、子どもなりに
理解できていきます。**招く側になることは、ちょっと負担が
あるかもしれませんが、それ以上に多くのことを親子で学
べる機会になるはずです。きっと良い思い出にもなります。

method
32
心からの言葉が出るまで
催促せずに待ってみて

▶ **いけないことをしていても、気持ちを尊重して**

　園長時代のこと。折り紙で犬の顔を折って、黒のクレヨンで目鼻やひげを描いたわたしの見本を見ながら、子どもたちも同じものを作っていました。思い思いに描いた顔は、長いまつげ、舌を出している、ウィンクしているなどさまざま。3歳児さんたちが、表情を豊かに描く姿に、自分の思うままに顔を描きたいという気持ちが追い風のように背中を押しているのを感じました。

　そんな中でうまく描けないTちゃんは、クレヨンの線が折り紙からはみ出したことをきっかけに、机に黒のクレヨンでギザギザした線をどんどん描き始めました。周りの子どもたちは「いいの?」と見ています。わたしが制することなく見ていると、次には椅子にも。もう黒い線が止まりません。

　「先生、Tちゃんが、机や椅子に黒く描いている」「そうだね。描きたいのね」とわたし。「いいの? 描いても?」と心配する子どもたち。そんな空気を感じてか、Tちゃんは黒の

クレヨンを投げだして立ち去ってしまいました。

▶ 「ごめんなさい」を大人が言わせようとしないで

　「黒のクレヨンを消すのを手伝ってくれる人はいますか〜?」と尋ねると「は〜い!」と３人が集まり、汚れが落ちるスポンジでゴシゴシとこすってくれました。Tちゃんは部屋の隅から見ています。

　あと少しで終わりというところで、ちょっと困ったような表情でTちゃんがやってきました。「ごめんなさい」とひと言。お友だちが掃除をするのを見ながら、自分の気持ちと折り合いをつけていたのかもしれません。そして、スポンジを手にとり、最後まできれいにしてくれました。お友だちとにこにこと笑い合いながら。

　自分からやってきて言えた、心から絞り出すような「ごめんなさい」は、とても価値があります。たまに街中で親に促されて、セリフのように「ごめんなさい」と言う子どもを見かけると、「言えば、すむ」という空気を感じてしまいます。本来学んでほしかったことが身につくとは思えません。Tちゃんの「ごめんなさい」の素直な思いは、きっと周りのお友だちにも届いていたからこそ、笑顔のクレヨン落としになったのです。**本物の「ごめんなさい」が言えるように、子どもの言葉が出てくるのを待ってみてはいかがでしょうか。**

「ごめんなさい」が
言えません②

method
33

謝らせるのではなく
親がまず頭を下げて

▶ 失敗は子どもだけのせい？

　本棚にもどす時に、誤って絵本を破いてしまった。食器に手が当たって、落としてしまった。借りていたおもちゃがこわれてしまった。こんなアクシデント、子どもの遊びの中で経験がありませんか。

　そんな時、子どもがやってしまったことだからと、パパ、ママは子どもに謝りなさい、と促しますよね。もちろん、やってしまった子どもは、失敗のショックと罪の意識で固まってしまっていますから、促されるままに「ごめんなさい」と小さな声で言うことが多いものです。でも、これはよくよく考えてみると、子どもの自尊心を傷つけているように思うのです。

　うっかりやってしまったことは、子ども本人の注意不足もありますが、それに気づかなかったパパやママにも責任があるととらえて、子どもよりも先に頭を下げるような家庭は、たいてい、その子どもからもすがすがしいくらいに、まっすぐに謝りの言葉が出てきます。

子ども自身が自分の過ちをしっかりとらえ、大好きなパパ、ママが自分のために頭を下げているのを見て、心から「気をつけよう」「ごめんなさい」という気持ちがわいてくる様子が感じられるのです。

▶ 謝らせることを目的にしないで

　こんなふうに書くと、とても意地悪で心苦しいのですが、「わたしたちは、きちんとしつけているのに、この子がわるいことしてしまいました」というような、子どもだけに謝らせるような姿勢では、子どもが傷つきますし、幼児1人に頭を下げさせることに、親が何も感じないとすれば、親子関係の今後が心配になってしまいます。「わざとやったわけじゃないのに……」という子どもなりの理屈と、1人謝らなければならない寂しさと、親から突き放されたかのような孤立感で、子どもはいたたまれなくなるのではないでしょうか。

　間違いや失敗は、いつでも誰にでもあります。そんな場面で、子どもが素敵な「ごめんなさい」が言えて、その失敗をプラスに転化できるような対応をしていただけたらと思います。

method
34

親が見せる気づかいを
わかる日が来ます

▶ **保育園バスへのママの素敵な気づかい**

　秋になると思い出す、千利休のエピソードがあります（ご存じの方も多いとは思いますが、念のため）。

> 庭の落ち葉を掃除していた千利休がきれいに掃き終えた庭に、パラパラと数枚の落ち葉をまきました。その姿を見ていた弟子が利休に、「せっかく掃除をしたのになぜですか？」と尋ねると「秋の庭には少しくらい落ち葉があるほうが自然でいい」と答え、弟子をうならせました。

　そして、掃き掃除で思い出す、園長時代のお話。小さな園だったので、送迎のバスはそれぞれの子どもの自宅まで行っていました。朝のお迎えのバスは、日によって時間が一定になりにくいものです。雨だと渋滞して待たせてしまうし、スムーズ過ぎると早く到着してしまい、親子をあわてさせてしまうので心苦しくなります。ドライバーさんは、なんとか約束の時間通りにと気を配りながら、安全第一を心がけ

て毎日運行してくれていました。そのドライバーさんが教え
てくれた話です。

　ある2歳男子くんの毎朝のお迎えの話。家の前は道路
なので、じっとしてほしいけれど、「ただ、待つだけ」だと
子どもは飽きてしまう。それに待っている姿はドライバーさ
んに気をつかわせてしまう。そこで、そのママは、2歳くん
と一緒に玄関前の掃き掃除をしながら待っているそうなの
です。

▶ 友だちにやさしくできる子どもに育つ

　「何かしながら待っている」のであれば、待つ時間にも
意味が生まれ、毎朝の習慣として「掃除」が身につきます。
そんな心づかいのできる家庭の子どもは、園内でもトラブ
ルがほとんどありませんでした。もちろん幼い子どもですか
ら、泣いてしまうこと、ぐずってしまうことはありましたが、
人に迷惑をかけるような行為は決してしませんでした。困っ
ているお友だちを見つけたら、自然と声をかけたり、やさし
くなでてあげたりできるのです。

　この「バスを待ちながら掃き掃除をする」気づかいには、
相手の立場への共感が不可欠。「掃き掃除をなぜ毎朝して
いたのか」の本当の意味は、2歳くんにはまだわからない
ことですが、理解する日が遠からず来るはずです。

のびのびした子に
育てるには？

なんでも話せる雰囲気を
家族の中で作って

▶ 人を思いやれない「のびのび」はNG

　「のびのびとした子どもに育てたい」というのは、多くの親が考える願いです。ただ難しいのは、のびのびできる子どもには、それと同時にのびのびしてはいけない場所や時間があることを知っていて、節度が身についていないといけないというバランスです。自分勝手なのびのびでは、ただのわがまま、やりたい放題です。周りから、気持ちよく受け入れてもらえるようにするためには、子どもが自分の気持ちも大事にしながら、周りの人のことを思いやれるように、大人が声をかけていくことが大切です。

　例えば、砂場遊びで「ここに水を入れちゃおうよ！」と思いついたとします。「いいね、いいね」と賛成する子どももいれば、「水を入れたら、ドロドロになるからいやだ」と言う子もいます。そこで強引に「入れちゃえ！」と言ってしまうのは、のびのびとは違いますよね。「ここまでの半分だけ、水を入れてもいい？」と提案できたら、どちらの子どもも笑

顔になれそうです。初めからそんな提案をできる子は、いません。お兄さんやお姉さん、周りにいるお友だちや大人がそんなアイディアを出すのに接して、まねできるようになるのです。

▶ 大人が周囲と調整する姿を見せて

また、のびのびとした子どもに育てたいのであれば、子どもがやりたいことを素直に言った時に、受け入れてもらえる経験を多くすることが必要。家庭にたくさんのおしゃべりや、歌う声、笑う声が響いていることがのびのびと自分の素直な気持ちが出せる環境だと思います。まずは、家族の中で、どんなことでも話せる雰囲気、自分が歌っても踊っても「周りの人に楽しんでもらえる」と子どもが思えるといいですね。

その上で、家族が周囲と調整をする姿を見せて、「なるほど、そうすると良いのか」と学んでもらうしかありません。のびのびとしていて、しかも節度がある行動ができるような子どもになったのは、家庭でのたゆまぬ声かけがあったから。そういう子どもに出会うと、周りの方々がその子のためにしてきた日々の積み重ねを思って、胸が熱くなります。

method
36

大人がしていれば
自然にまねするように

▶ **子どもにはもともと備わった力がある**

　駆け出しの編集者であった20代、「自由学園」のそば
に住んでおりました。「生活即教育」をモットーに、いつの
時代にも自ら考え行動できる人を育てる学校が、幼稚園か
ら大学部まであります。深い武蔵野の緑に歴史ある学び舎。
愛犬との散歩では、その学園の周りをよく歩いたものです。

　「自由学園」を創設されたのは羽仁もと子先生。女性誌
の編集をされていて、48歳で「自由学園」を設立された
というタイミングが、偶然にもわたしが編集者から園長職に
転じた経歴と重なり、力がわいてくるような気持ちになりま
した。先生のご著書から一節をご紹介いたします。

> おさなごはみずから生きる力をあたえられているもので、し
> かもその力は親々の助けやあらゆる周囲の力にまさる強力
> なものだということを、たしかに知ることです。（中略）子供
> 自身からその力その生命力の真の要求が強くあらわれるよ
> うでなければ、親々の詰め込み養育詰め込み教育になって

しまって、その程度その種類こそちがえ、子供をいろいろ邪道に連れ込んでゆくことになります。

——羽仁もと子『おさなごを発見せよ』

この「子どもにあたえられている力強い生命力」には、園長時代に、いつも驚かされていました。

▶ 1歳児がしてくれた鼻水をぬぐうしぐさ

ある時、1歳の男子くんが、ティッシュをひらひらさせながらわたしの前までやってきて、わたしの鼻の下をぬぐうしぐさをしました。続いてもう1人、1歳の女子ちゃんも。鼻水が出る子が多かった冬場に、たびたび先生たちが子どもたちの鼻水をぬぐっていたのをちゃんと観察して「いつか、自分もやるぞ!」と考えていたのでしょう。ぬぐってくれた2人の、顔を見合わせて、満足そうに笑っていた姿がとても印象に残っています。

「子どもにあたえられている力強い生命力」は自ら意欲的に行動を起こすもの。**鼻水をぬぐってもらう側だと思われがちな1歳児でも、周囲の大人をまねて、誰かの役に立つ喜びを感じることができます。**子どもが「力強い生命力」につき動かされて成長する姿を、「健やかに伸びていく植物」のように眺める心の余裕があると、子育てが楽しくなる気がします。

method
37 たくさんやさしくされると
「いい子」になる

▶ **親の気持ちを優先させないで**

　わたしが考える「いい子」は、「素直で、やさしい子」。
「やさしさ」は、その子を幸せに導いてくれると信じている
からです。「やさしい子」でいるためには、まず、**子どもが
思っていることややりたいことを素直に伝えられる環境が必
要**。自分の気持ちに素直になって騒いだり、さわってはい
けないものに手を出してしまっても、それが「わざと」でな
ければ、しかたがないこと。素直な気持ちからであれば、
大人の注意を理解しますし、謝ってくれます。しかし大人の
気持ちを優先させて、子どものやりたいことを我慢させる
と、あとでその我慢の見返りを求める気持ちが起きてしまう
ことがあります。

▶ **絵本などを題材に想像力を伸ばす**

　次に**大切なのは、子ども自身がたくさんの「やさしい」こ
とをしてもらうこと。**子どもが、やさしくされてうれしいと思え

ることが多ければ多いほど、やさしくなれる可能性が上がります。自分がうれしかったことをまねしてみたくなるのが、幼児のすばらしい長所です。

最後にもう1つ、「やさしい子」に育てるためのヒントを見つけました。小学校受験の問題とからめたお話で、なるほどなぁと思った内容をご紹介いたします。

> 画用紙の真ん中に○がひとつ描いてある。「これを利用して絵を描きなさい」というもの。顔の輪郭や、パンケーキくらいしか思い付かないようでは、かなり能力が劣る。このときには、どんなに上手なパンケーキの絵を描いても加点はされないのである。さあ、あなたは何が描けるか。あえて「断言」するが、この分野の能力が貧弱な子供は、確実に「優しくない」子供である。言い方を換えれば、発想が豊かな子供であればあるほど、優しい子供なのである。入試を行う小学校は、優しい子供を採りたいのである。
>
> ──三石由起子『大人の覚悟』

ここには「やさしい子」になるには、多様な発想ができることが必要だと書かれています。目には見えない相手の心を思いやる想像力の豊かさが、「やさしさ」だからです。普段の生活の中で、または絵本などを使って「困っているのかな」「こうしてあげたらうれしいかな」、そんな想像力を働かせる会話を親子でたくさんできるとよいと思います。

自己肯定力

コミュニケーション力

学力

グローバル力

子どもに話す力を
つけるには？

method
38

「おもしろい話をしますよ」と言葉に興味を持たせて

▶ 子どもに対して「沈黙は金」はNG

　「KY（空気を読まない、読めない、察しがわるい）」という言葉がよく使われています。主語を抜いて話す表現が多く、「あれ」「これ」などの指示語を多用する日本語は、英語に比べれば非論理的な表現が多く、それこそ「空気を読まない」と理解がしにくい言葉です。「男は黙っているほうが、男らしい」とか、「女性は、おとなしくて、口数の少ない人がいい」と考える人もいます。「議論好き」「おしゃべり」という表現が、あまり良くない意味で使われることもありますよね。言葉を尽くして話し合ったり、意見を戦わせて話をまとめたりするなどのコミュニケーションが苦手な大人も少なくないと思います。「沈黙は金」という言葉もありますね。

　そんな、おしゃべりを評価しない文化もある日本ですが、子どもと接する時に口数が少ないのは、よくありません。**これから言葉を覚えようとしている子どもには、言葉をかけて、指し示して、教える必要があります。**食事の時であれば「今

日のご飯は、のりで巻いてありますよ。おいしいね」「のり
は海でとれるのよ」など実況中継のように話してあげたい
もの。ただし、熱心すぎて、言葉のシャワーが嫌になってし
まうほどかけるのは逆効果になるので、ほどほどに。

▶ 幼児語ではない美しい言葉で話してあげる

　子どもは周りの人の言葉をまねして学びます。なので美
しい日本語を聞かせてあげたいものです。穏やかに、子ど
もが言葉に集中できる状態を作ってあげてから、わかりや
すく話してあげたいと思います。大人が幼児語を使うのは、
素敵に見えない場合もありますからご注意を。

　例えば、「静かにしなさい」と言う前に、静かにすると子
どもにとってどんないいことがあるのか、何のために静か
にするのか、を知らせることができれば、強制的に静かに
させられるのではなく、自分から静かにしようとするのでは
ないでしょうか。「これから、おもしろいお話をしますよ」と
か、「そろそろ、おやつにしませんか?」とか。**子どものモ
チベーションに訴える言葉をかけていけるといいですね。**子
どもも「いいことを知らせてくれる」と思えば、その声を期
待するようになります。

子どもへのNGな
言葉かけは？ ①

method
39

「危ない!」はむしろ危険。
感情的なトーンは避けて

▶ 大人は落ち着いてフォローを

　幼い子どもは、時に危険なことを危険とわからないまま、やりたがるものです。落ちたらけがをしそうな、平均台のように細い塀の上を歩きたがったりします。これを見たら「あぶな〜〜〜い!!」と叫びたくなりますよね。でも実は、ママが感情的な言葉を発すると、よけいに子どもを危ない状況にしてしまうことがあります。その声にあわてた子どもが、塀の上を歩くことに集中できなくなり、けがをしてしまうかもしれません。

　こんな時、大人はお腹に力を入れて「気をつけてね。注意しながらね」と静かに落ち着いたトーンで声をかけ、そばに寄り添って、いつでも手を差し伸べられるようにしてあげたいと思います。このようなことを子どもがやりたがるのは、子ども自身の勇気や、器用に平均台を歩く運動能力を高めることにもつながるのですから。

▶ 「うっかり」は大ごとにしないで

　また、子どもがうっかり「お椀を倒してみそ汁をこぼしてしまった」時に、「ああ〜〜!」と大きな声を出してしまうこと、ありませんか。つい、出てしまいますよね。

　でも、ちょっと待ってください。倒しそうなところにお椀があるのに、声をかけてあげられなかったのは、大人の責任ではないでしょうか。「ああ〜!」の声の中に、子どもを責める気持ちがこめられていなければよいのですが。

　こんな「うっかり」は、大人にもあるのに、「子どもだから、教えなければ」と、必要以上に怒っているように見える場合があります。大人がこぼしても、そんなに「ああ〜〜!」とは言わないのではないかしら。むしろ、「大丈夫ですよ」と気をつかうはず。**子どもがこぼしても大人がこぼしても、静かに「拭きましょうね」と言って後始末ができるとよいと思います。**おそらく子どもはこぼしちゃった「びっくり」と「なくなってしまった悲しみ」とで、充分反省ができていると思うのです。

method
40

「汚い！」は、時に
人を傷つける言葉になる

▶ **「汚い」を恐れてパニックになる子どもも**

　テレビのCMなどで（新型コロナウイルスの影響もありましたが）ますます清潔、除菌といった言葉が多く聞かれるようになりました。衛生的であることは、病気の予防になりますし、清潔で気持ちのいいものです。家族に高齢の方や持病のある方がいる場合には、より神経を使うことでしょう。

　ただ清潔の概念は、人によってその度合いはいろいろです。「汚い」ことを排除するのが行きすぎると、神経質になりすぎて自分や子どもを苦しめたり、排他的な考えになる恐れもあるように感じています。

　給食中の食べものが手につくことや、洋服についた少しの汚れに敏感に反応して泣き出してしまう子、汚れたらすぐに洗わないとパニックになる子、汚してしまったことを隠そうとする子、汚れたものを捨てようとする子。土をさわれないから、泥だんごを作りたいけれどできない子。油粘土をさわりたくない、絵の具は汚れるからいやだ、と活動に参

加できない場合もありました。そういう「汚い」に反応して
しまう子どもの中には、みんなと活動する中で、徐々に反応
が薄くなる子もいましたが、どうしても参加するのが難しい
子もいました。

▶ 「洗いましょう」「きれいにしましょう」で伝わる

　自分自身も生き物で、体内に菌がいますし、大きくとらえ
れば、自然の一部として、菌も、虫も、動物も、わたしたち
も存在しています。日常の中で不用意に「汚い」という言
葉を使いたくないなぁと思っています。

　**「汚いから、きれいにしましょう」と言うよりも、「洗いま
しょう」「さっぱりしましょう」だけで充分な気がするのです。**

　言葉は人を励ますことができますし、傷つけることもあり
ます。また、意図とは違った内容が伝わってしまうこともあ
ります。この「汚い」という日本語には、「汚れている」「バ
イ菌がついている」のほかに、「ひきょう」「ずるい」とい
う意味もあります。この言葉を「子どもが使ってもいいもの
か?」と考えてから、使ってみてはどうでしょう。

挨拶が大事と言われても ピンと来ません

method
41
心の込もった挨拶は 周りの人を動かす力がある

▶ 親子でかわす挨拶を大事にして

「おはようございます」

「いただきます」「ごちそうさま」

「行ってきます」

　朝、幼稚園や保育園に出かけるまでに、親子でこれだけの挨拶をする機会があります。毎朝、気持ちのいい笑顔でこれらの挨拶ができているでしょうか。挨拶はしつけの基本。それは万国共通なのではないかと思います。

　しかし毎朝、挨拶ができている子どもは、みんなとは言えないようです。パパはすでに出勤していて、朝は会えない場合もあるし、ママは朝食の準備でバタバタ忙しく、泣いている弟や妹の世話をしている場合もあります。

　たとえ平日の朝はできなくても、休日の食事の時には家族そろって「いただきます」をする、夜の「おやすみなさい」はおろそかにしないなど、できるところで「挨拶は大事だ」と子どもに伝えられるとよいと思います。

▶ 挨拶は子どもを輝かせ、運命すら左右する

　挨拶は、お互いが気持ちを向き合わせて、心を通わせる行為です。形だけで終わらないように、一回一回を大切にしたいものです。挨拶が気持ちのいい人に対しては好印象になるもの。笑顔で挨拶をするのは、相手に敬意を表することだと思います。身についた習慣は、一生ものです。

　ここ一番という運が必要な受験やスポーツのレギュラー選抜、コンクールなどの時に、心を込めた挨拶の小さな積み重ねは、子どもを輝かせる助けになると確信しています。心の込もった挨拶ができる人であれば、周りの人は力を貸してくれるからです。毎日の行いは、マザー・テレサの有名な言葉ではないですが、やがて、運命にもなり得るものだなと長く生きてくると感じてしまいます。

> 思考に気をつけなさい、それはいつか言葉になるから。
> 言葉に気をつけなさい、それはいつか行動になるから。
> 行動に気をつけなさい、それはいつか習慣になるから。
> 習慣に気をつけなさい、それはいつか性格になるから。
> 性格に気をつけなさい、それはいつか運命になるから。
> ──マザー・テレサの言葉

遊び感覚で英語に親しむ
おすすめ教材②

DVD・動画:「Sid the Science Kid」

　「シド・ザ・サイエンス・キッド」は、アメリカの子ども向けテレビシリーズでした。主人公のシドと3人のお友だちが「風邪をひくって何?」「凍るって何?」など身近な現象を科学的に理解するストーリー。テンポのいい音楽、ノリのいい先生や家族の会話も、娘をひきつけていたようです。現在はYouTubeで視聴可能です。

　https://www.youtube.com/@JimHensonCompany

　「Sid the Science Kid」公式ホームページでは科学の思考をはぐくむゲームも楽しめます。

　https://pbskids.org/sid/

絵本・アニメ:「The Magic School Bus」

　主人公のフリズル先生が、不思議なスクールバスに子どもたちを乗せて、人間の体内や宇宙、海底や恐竜時代などさまざまなところへ連れていく作品。ユーモアたっぷりの絵を見ながら、冒険を通じて科学の基礎知識を身につけていくことができます。

3 章

「あと伸びする学力」
をはぐくむ

小学校入学後、学習や友だちとの活動に意欲的に取り組めるようになるために、家庭でできることをご紹介します。幼児期の成長は、驚くほどめざましいもの。子どもが興味を持っていることから、働きかけをしていきましょう。

文字を書く練習は
しておいたほうがいい？

method
42

まる、さんかく、しかく から始めてみましょう

▶ **描きたい様子があれば始めどき**

　クレヨンを握って紙に何かを描きたい様子であれば、どんどん描く機会を作ってあげたいものです。たとえ1歳でも。初めは大きめの紙で、はみ出すことも気にしないで描かせてあげたいところ。カレンダーの裏など、できるだけ大きい紙を前にすると、子どもは張りきって描いてくれるはず。たくさんの「ゴシゴシ描く」「ぐるぐる描くこと」をして描くことに慣れたら、次は「まる、さんかく、しかく」を描くのを教えてあげるのがおすすめ。人にもよりますが、早い子ならば年少さんのうちに描けるようになります。もちろん最初は、大人が見本をゆっくりと見せて、まねをしてもらいます。

　推奨されている描き順

下から右回りにぐるりと描き、
下に戻ってつなげる

上から斜め左下に向かって描き、そのまま右へ。次に上から斜め右下へ向かって描き、下の線とつなげる

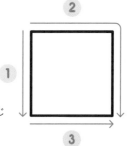

漢字の「口(くち)」の書き順と同じ

まるはこの描き方が子どもには描きやすく、形のよいまるになりやすい。ゼロとまるの違いは、小学校になってから覚えられる。さんかくとしかくは、角をしっかりと描くのが、ポイント。幼児だと、初めは角が丸くなってしまいがち。

▶ ## 鉛筆を使うまで段階をふんで

　クレヨンの次は、クーピーペンシルで少しずつ小さく描けるようにします。クーピーペンシルは、ふつうの色鉛筆や鉛筆よりもやわらかい芯なので、幼児にはストレスが少ないのです。それに慣れてきたら、鉛筆で描くことの始めどき。鉛筆もやわらかな芯で、線が描きやすい2Ｂ以上がおすすめです。娘の初めての鉛筆は、4Ｂの幼児が持ちやすい、「くもんのこどもえんぴつ」です。いろんな線を描く経験をさせて、ゆっくりと文字を書く準備をしてあげましょう。

自己肯定力

コミュニケーション力

学力

グローバル力

時間の感覚を身につけさせるには?

method 43

アナログ時計とタイマーを活用しましょう

▶ 決めた時刻の前に予告、がポイント

　子どものやりたいことは、とことんじゃまをしないでやらせてあげたい。けれど、ご飯の時間、お風呂の時間、寝る時間も大切。この折り合いをつけることが、とても難しいなと感じることはありませんか。

　年中さん以降で数字が読めるようになってきたら、アナログ時計やタイマーを使うことで、具体的な時間の感覚がわかるようになります。「長い針が6のところまで、遊ぼうね」と約束をして、「長い針が5に来ているから、もうすぐおしまいだよ」と声をかけると、子どもは終わらせる心の準備ができます。

　大人も子どもも、やっていることをやめるのは難しいですから、前もって予告をしてあげるのがコツ。子どもが嫌いなお片づけも、タイマーをセットして、「5分で、どっちが多くおもちゃを箱に入れられるか競争だ!」という遊びにするのもおもしろがってくれます。「5分で、こんなに片づけら

れた！」という達成感も感じられますから、おすすめです。

▶ 時間のかかり方を実感させる声かけを

また、小学校に入学すると1年生で、すぐに時計の読み方を習います。1年生で「○時」と「○時30分」という30分刻み。2年生で「○時○分」をマスターして、「午前11時35分から45分後は、何時何分ですか？」という内容も学びます。時計は60進法や12進法という、子どもにとっては新しい知識。普段から、「今何時？」「あと20分で4時だね」というような会話をしておくと、そんな算数の学びにもスムーズに入っていけるはずです。

さらに、「お店に行くのに、車で行けば5分だけど、歩いて行くと20分もかかったね」という移動の速さの感覚とかかった時間について、お出かけした時に話してみるのも、速さという見えないものについて実体験で感じる良い機会になります。電車好きな子どもには、「特急だとすぐに到着するね」という感じでしょうか。大人にとっては当たり前のことも、子どもは言葉で伝えないと感じとれないものです。時計を読むことから、時間の長さや速さまで、目には見えないものを、子どもの実体験とつなぐことができます。

method
44

自分が言う出番のある
「しりとり」が効果的

▶ 「やまびこ」遊びも聴く力を伸ばす

　「音として聞こえる」のと違い、「聴くこと（内容を頭の中でイメージすること）」は、子どもにとって簡単なことではありません。途中に知らない言葉があれば、そこでイメージが止まってしまうのは、英語の習いはじめを想像してみると、理解できますよね。

　そんな「聴く」を身につけるのに、おすすめの遊びがあります。

1 しりとり

　次に自分が言わなければならないので、しっかりと言葉を聴くことができます。

2 「やまびこ」遊び

　大人が絵本などの一文を読んで、その通りにまねをして言ってもらいます。文章が難しい場合は一文節ずつでも。俳句や短歌、詩などもリズムがよいので、おすすめ。できるようになったら、少しずつ長さを伸ばしていきます。しっかり

聴くということを体感できるはずです。

③ 「やまびこ」遊び・上級編

「やまびこ」が上手になったら、大人の読むスピードを段階的に速くしたり、ゆっくりにしたりします。速めに抑揚なく読んでもまねができるようになったら、相当、聴く力が身についているはずです。

※うまくいかない時は前の段階にもどるのが鉄則。これらは短時間、集中力のある午前中にするのがおすすめです。

▶ 聴いたことを記憶にとどめる訓練を

また、目を閉じて聴いてもらうのも、耳に集中する感覚を子ども自身が味わえます。小学校受験の出題で「おはなしの記憶」という分野があります。大人でも忘れてしまいそうな長文を聞いて、問題に答えます。幼児には文字を使った出題ができないからです。家族でピクニックに出かけた時に、どんなお弁当を誰が食べたか、途中でどこに寄ったか、車の中の座席の配置はどうなっているのか。そんなことがおはなしの中から出題されるので、聴いたイメージを脳内にとどめておかなければなりません。そんな時も、目を閉じていると、しっかりと聴きもらさないことが多いようです。

聴いた言葉をイメージ化することは、読む力につながります。おろそかにしたくないですね。

method
45

クイズ形式にして
イメージする力を育てて

▶ 頭で考える経験をさせる

「太郎くんは、赤と黄色でぬりなさいと、言われていたの
に、黄色と青を間違えてしまいました。太郎くんは、何色と
何色で、ぬったのでしょうか?」

これを年長さんで、迷わずに赤と青と答えられたら、かな
りスマート。年中さんであれば、なおさらです。集中して聴
けているだけでなく、内容を理解した上に、頭の中で、色
のおきかえがスムーズにできているのですから。

これは、「りんごとバナナをお買い物してきて、とお母さ
んに頼まれたのに、バナナといちごを間違えてしまいました。
お買い物してきたものは、何?」など、さまざまに要素を替
えて、練習ができます。

「にぃ、さん(2、3)」の逆は?「さん、にぃ(3、2)」とい
う数字の逆唱も、頭で考えるので、似た効果があります。さ
らに、2桁、3桁、4桁と桁をふやせば難しくできます。

これらは、娘がお世話になっていた幼児教室で行われて

いたカリキュラムなのですが、リズム良く子どもたちが順番に答えていく姿にびっくりしたものです。

▶ しっかり聴くことが読む力の土台に

「くまさんゲーム」も子どもたちに大人気でした。「くまさんが言いました。右手を上げて!」のように「くまさんが言いました」が最初についていたら、その動作をしますが、ただ「右手を上げて!」だけでは、右手を上げてはいけないルールなのです。先生が大きな声で言うと、「くまさんが言いました」がなくても、動作をしてしまう子や、周りにつられて動作をしてしまう子も。間違った子どもは、輪の中から抜けていきます。最後に残った子どもが優勝。

しっかりと聴いて、記憶を入れかえて言う、しっかりと聴いて、するべき動作を選ぶ。一見、遊びのようですが、言葉のイメージを記憶する行為に慣れることになります。読解力と呼ばれるものは、文章を読んでいかにイメージができるか? ということですから、これはその最初の一歩になると思います。

きちんとお話が
できる子にしたい

method
46

「相手に伝わるように話す」ように導いて

▶ 「のどかわいた〜」だけでは伝わらないと教える

　子どもがお話をする時に「きちんとした日本語」で話せているのか、意識をしたことがありますか？「きちんとした日本語」とは、「てにをは、を正しく使っている」「主語を省かない」「あれ、それ、こう、そう、などの指示語を多用しない」などです。つまり「省略をせずに話す」「相手に伝わるように話す」など、伝えたい気持ちがあるかどうか、が大事です。大人でも、家族や仲良しなお友だちに対しては、わかってくれるだろうと、ついつい甘えて述語だけ、単語だけの会話になりがちですよね。

　よく耳にするのが「のどかわいた〜」と言う子どもに「麦茶? お水?」と返事をするママ。まあ、わからなくもないのですが、**これから学校に行くことを考えると、言い方を教えるのも大切な準備だと思います。**

ママ　「のどがかわいたんだね〜」

子ども「だから〜のどがかわいた〜」

ママ　「で、どうしてほしいの?」

子ども「水が飲みたい」

ママ　「飲みたいから、どうしてほしいの?」

子ども「お水をください」

ママ　「そうね、僕はのどがかわいたから、お水をください、
　　　だよね」

　とやさしく言い方を教えてあげてください。英会話で、
「Water!」だけでなく、「Can I have a glass of water ?」
と習った感覚で。落ち着いて繰り返します。

▶ 大人には「です」「ます」のていねい語で

　敬語まで使えたら立派! そこまでは難しくても、目上の方
には、ていねい語で話せるようにしたいところです。語尾を
「です」「ます」にすることから始めるといいですね。大人
と自信を持って話せるというのは、とても意味があります。
小学校で先生との会話もスムーズにできるので、実力が発
揮しやすくなります。学校で困ったことや納得できないこと
が子どもに起きた際に、助けを求める手段も会話です。**しっ
かりと話せる、と子ども自身が思えると、周りからの理解も
得やすくなり、態度や行動が落ち着いたものになります。**

言葉をたくさん
覚えるためには？

^{method}

47

「オノマトペ」を
会話にとりいれてみて

▶ **雨の様子を「シトシト」「ザーザー」などで表現**

　幼児でも、とてもおしゃべりが上手な子どもがいます。例えば「雪のように白いうさぎ」「恐竜みたいに強い力」のように、たとえを的確に使いこなします。絵本をたくさん読んでもらったり、パパ、ママと普段からたくさんの会話をしているから、魅力的なおしゃべりができるようになるのだと思います。子どもはまねをして学びますから、家庭内にたくさんの素敵な言葉が飛びかっていることが大切です。なにげないママの口ぐせが、そのまま子どもの口から出てくることもよくありますよね。

　自然界の音や物事の様子、動きなどを音で表した言葉を「オノマトペ」と言います。「オノマトペ」を使って「雨が**シトシト降る**」「雨が**ザーザー降る**」というように、**言葉の音を楽しみながら、様子を的確に表現するようにうながしましょう。「今日の雨は、どんなかな？」と子どもに聞いてみると、得意げに答えてくれるはずです。**

料理をしながら「**グツグツ**煮えているね」「**ジャージャー**と水を出して洗おう!」「**トントントン**ときゅうりを切ってみよう」などオノマトペを使った言い方をするのもおすすめです。わたしも大好きな五味太郎さんの絵本『言葉図鑑』は、楽しみながら語彙が自然とふえていくしかけになっているので、おすすめです。

▶ 話をよく聞いてあげると子どもの言葉が豊かに

　また、日々の暮らしの中で気をつけたいのが、子どもの話を、目を見て聞いてあげること。つい時間がないからと指示をする言葉ばかりになったり、あわただしく何かをしながら聞いてしまったりしがちですが、子どもの話を最後まで聞いてあげることを毎日1回、5分でもしてみると、子どもは話すことに慣れていきます。子どもが気おくれせずに話ができるように笑顔で受けて、やりとりに楽しさを感じられるようにしたいものです。

　言語の豊かさは学びの基礎でもありますから、読書も大切ですが、まずは、会話を楽しんでほしいと思います。

method 48

「あのさ～」「そうそう!」 という口ぐせにご注意

▶ くせになる前に直しておきたい

　小学生になったからといって、子どもは急に言葉づかい を変えられません。先生という立場で子どもたちと接してい た時、「その口ぐせを直すと素敵になるのに! 惜しい!」と 思うことがありました。

　その口ぐせは、絶対に直す必要があるというものではあ りません。好みの問題かもしれませんし、むしろそれを子ど もらしいと思われる方もいることでしょう。ですが、くせに なってしまうとなかなか直すのは難しいので、気になる家庭 では早めに対応をすることをおすすめしたいと思います。

▶ 親の口ぐせも点検してみて

　1つは、お話をする時に「あのさ～」「○○でさ～」と 「さ～」という語尾をつける口ぐせです。この「さ～」は、 みんなの前で話す時によい印象を与えないので、できれ ば早いうちに直したいところです。考えながらお話をしてい

て、間を持たせるために語尾を伸ばしているのかな、と思います。「あのね〜」「○○でね〜」のほうが、印象がよいかもしれません。**普段から「言葉づかい」では、語尾を気にしてみるのがポイント。**子どもに何度も注意していても、なかなか直らない時は、無意識にママ自身が「あのさ〜!」と言っているのかもしれません。また、子どもの理解をうながすために「○○でさ〜」と、強調しているのが、そのまま子どもに定着してしまうこともあるようです。「○○でさ〜」という口ぐせが出てしまうと、素敵な会話も台無しになってしまうように、わたしは感じます。

　もう1つは、「そうそう!」や「そうね!」という口ぐせ。パパやママの言葉を、そのまままねてしまっているのかなと思います。これも先生などの目上の方に向けて使うと、ちょっとおかしな印象になりますよね。お友だち同士ならば、気にしなくてもいいかもしれませんが、この「そうそう!」や「そうね!」には、相手に対して上から認めるようなニュアンスもありますので、使い方には気をつけたほうが良いと思います。**先生などの目上の方には、「そうです!」「その通りです」など、ていねいに言えるようにしていけるようにうながしていきたいですね。**

method
49

10までの数字を覚えて
数詞に親しむ

▶ 具体的なものの数を数えるところから

　「算数」の勉強の前に、実際にものを数えたり、数を合わせたり、差し引いたりするのに慣れておくことがとても大切です。ドリルなども、子ども本人が楽しんでいれば止める必要はありませんが、**脳の発達から考えると、6歳までは具体的なもので数えることをしておきたい時期です。**

　最初は、1から10を順に言えて、逆の10から1も言えるようにすることなどをやってみましょう。そして、1が「ひとつ」、2が「ふたつ」、3が「みっつ」……と言い換えられることなどが、最初の一歩。また動物や鳥など、数詞が数えるものによって異なることを、自然に伝えていきます。タンスが「ひとさお」「ふたさお」だったり、うさぎが「1わ」「2わ」だったり。なぜ、そんなふうに数えるのかもお話ししてあげられるといいと思います。

▶ **すごろくで足し算と引き算を自然に覚える**

　以下のような遊びがおすすめです。

・10の合成（2つの数字を足して10にすること）

　指を使ってもいいので、パッと反射的に言えるくらいにしたいですね。「2といくつで、10?」のようなことです。さらに「みかんが8個あるから、4人だと1人いくつ?」「おうちに3個のりんごがあって、5個買うといくつ?」。そんな会話から、算数が身近で自分に意味のあるものになっていきます。硬貨を使ったお買い物も、とても有効です。

・すごろく遊び

　普通にサイコロですごろくをして遊んだら、次にはサイコロの数を2つに増やして「3と4の目が出たら、いくつ進める?」のようにすると、足し算の暗算が遊びの中でできます。さらに、黒と白の2つのサイコロを作って、黒の目の数だけ進み、白の目の数だけ戻るルールにして、黒3、白1、黒6、白2とサイコロの目が出たら、どこでしょう? と、進化させることもできます。

　まずは1つ1つの合計や差を出すこと。それを楽しくリズムよく繰り返し、子どもが「簡単!」と思えるまで、2つの数の和と差で遊びます。その基礎が、子どもが複雑な数の操作を「おもしろい!」と感じる土台になります。

料理のお手伝いは
まだ早い？

method
50

下ごしらえなら1歳から。
食材は知的な刺激の宝庫

▶ **一生ものになる魚や野菜に触れる体験**

　野菜を洗う、レタスをちぎる、グリーンピースやそら豆をさやから出す、煮干しの頭をとる、あさりを洗う、卵を割る……。子どもが小さい頃からできるお手伝いは、料理の下ごしらえの中に意外とたくさんあるものです。娘は1歳の頃から、これらのことを楽しんできました。

　お手伝いをすると、旬の野菜、魚に直接さわるので、ざらざらやツルツルの野菜の表面や香り、魚のぬるぬる、うろこがはがれてくる感じなどを味わえます。重さや香りを感じたり、大きくても軽いものや小さくても重いものから密度を体験したりすることもできます。幼い子どもにとっては刺激がたくさん。**幼児期に五感で体験した感覚は鮮烈で、その「びっくり！」が、一生ものの記憶となります。**

　子どもは、自然とふれあいながら育てるのが良いとよく言われます。屋外で体験する自然もすばらしいですが、野菜、果物、魚介もまた大いなる自然だとわたしは思います。

「飛び魚はなぜ飛べるのか?」。飛び魚の胸びれを広げてみればその大きさで、一目瞭然。塩焼きにして食べれば、そのおいしさにも驚くはずです。「いかの口はどこにあるの?」。いかをさばいてみると、くちばし状の「カラストンビ」と言われる場所があり、その硬さを知るとえさを噛みちぎっていることがイメージできると思います。

▶ 料理は「食」や「命」の学びにつながる

お料理は指先を器用にする効果だけでなく、食材に興味を持ち、手ざわりを感じ、色や形を知り……、と能動的で知的な刺激を得ることができます。調理の過程で変化していく食材の様子にも驚きがたくさんあります。そして、自らが手をかけたものだからこそ、よりいっそうおいしく、大事に食べられるに違いありません。

子どもとの料理は、そのための準備や後片づけなどを考えると、時間も手間もかかる、とても非効率的なことのように思われます。ですが、その時の子どもの脳内では、とても豊かで、大人の想像を超えるような経験が記憶されています。その記憶は、自然を敬い、自分を育てる食に対する姿勢を作り、命を感じることにつながります。

method
51 潮干狩りであさりをとって 食べる経験がおすすめ

▶ **調べて、さわって、そして食べる**

　園長時代のお話です。年少さんの保育の時間。

　「そろそろ、海では潮干狩りができるようになります。海に行ったことはありますか？」。子どもたちは「はい！」「はい!!」と元気に手をあげてくれます。「潮干狩りって、知っていますか？」。こちらは「ちょっと知らないな」という表情の子どもが、かなりいました。

　子ども用の「春の図鑑」から潮干狩りの様子の絵や、貝類の写真を見せます。「へぇ〜！」「あ、貝だぁ、知ってる！」と、のぞきこんで指をさしてくれる子も。「本物のあさりがありますよ〜！」というひとことに、子どもたちの目が一斉に輝きます。「えええ〜！ 本物?!」。おうちでも食べている「あさり」ですが、図鑑を見たり、お話を聞いたりした後だと、盛り上がりが違います。硬くてザラザラした貝殻の感触や、海のにおいを味わいました。

　開かない貝を必死で開こうとする子どももいます。「開か

ない〜！」「おみそ汁に入っているあさりは開いているのに、これはどうして開かないの？」と。「貝殻の中のあさりさんは生きていて、開けないで、って必死に閉じているのよ。でもおみそ汁を作るために煮ると、パカッと開いて、おいしいおだしが出るのよね」「ええ〜!?」

ランチの時間に、あさりのみそ汁が注目されたのは、言うまでもありません。誰1人残すことなく、あさりのおいしさを味わいました。とびきり満足そうな表情で。

▶ 自分で貝をとる経験は格別

行楽の1つである潮干狩り。**自分で探して、自分でとったあさり、は思い出とともに心に残るおいしさになります。**腰をかがめてする潮干狩りは、大人には案外しんどいもの。その上、子どもは海水の中で遊び始めたり、ヤドカリに夢中になってしまったりします。帰りはずっしりと重いあさりの重さに翌日筋肉痛になることもありますが、それだけの価値があるように思います。潮干狩りに行かなくても、あさりを買ってきて、潮を吹くのを観察したり、貝殻の感触を味わいながらこすり洗いを手伝ってもらうのも、子どもにとっては新鮮な体験です。

method
52
身近な食べる魚から始めて 興味を広げていきます

▶ **一尾の姿を見せたり、絵を描いても**

　幼児は生き物が大好きです。絵本や図鑑で、日頃から親しんでいるからでしょう。「生き物」について、子どもともっと楽しむためのヒントをお伝えします。

　まずは身近なところで、魚について。春なら鯛、初夏なら鮎、夏になれば、いわしやあじ、秋にはさんま、冬は、たらやぶり、鮭など、魚屋さんにあって一緒にお料理したり、食べられたりするものから入るのは、わかりやすいアプローチです。できれば切り身ではなく、一尾の姿を見せてあげたいものです。夏のニジマス、ヤマメ釣り、冬ならばワカサギ釣りなど、釣りも心に残ります。**海の魚、川や池にすむ淡水の魚、そして、鮭のようにどちらにもすむことができる魚がいることを教えてあげると、興味を持ってくれることがあります。**お気に入りの魚やきれいな熱帯魚は絵に描いて飾るのもおすすめです。「ファインディング・ニモ」「リトル・マーメイド」などの映画も美しい海中世界に誘ってくれます。

▶ 哺乳類、鳥類……、生き物の種類も教えたい

海にいるけれど、いるか、くじら、ラッコ、アシカは「けもの」の仲間で赤ちゃんで生まれ、ペンギンは水族館で泳いでいるけれど鳥の仲間だと教えてあげたいですね。

鳥は、羽があって、2本足、硬いくちばしがあるのが特徴。でも飛べない鳥もいて、それがにわとり、あひる、ペンギン、ダチョウなど。フクロウ、ミミズクは夜行性で、ネズミを食べることを知るとびっくりします。

けもの（哺乳類）は、ほとんどは4つ足で毛に覆われていて、赤ちゃんで生まれてオッパイを飲む。その中には、**牧場で飼われて人の役に立つ動物、アフリカなどに生息する野生の動物、家族のように暮らす動物などがいることを知っているとよいでしょう。**動物園や牧場に行くと、羊の毛刈り、乳しぼりなど動物と触れ合うこともできますね。

昆虫に親しむのは、春から秋のアウトドアがおすすめ。カブトムシをつかまえたり、アゲハ蝶やセミの羽化を目の前で見る経験ができます。生き物に興味を持ち、自然について考えを広げることは、地球に生きる人として大切なことではないかなと思っています。

音楽が好きな子に
なってほしい

method
53

クラシックの名曲は
ずっと記憶に残ります

▶ 体を動かして曲を表現するリトミックがおすすめ

　園長時代、音楽に合わせて体を動かすリトミックの時間を毎週設けており、その冒頭は季節に合わせた名曲を鑑賞する時間にしていました。

　4月は、**ビバルディ作曲：「四季」より「春」**。子どもたちからは、「小鳥の声がする」「川が流れているみたい」「雷がピカーとしている」という声が上がりました。一生懸命に聴く子どもの中には、目を閉じている子もいて、その姿に神々しさを感じたものです。

　5月には、**ヨハン・エマヌエル・ヨナーソン作曲：「かっこうワルツ」**。かっこうの姿を図鑑で見たり、かっこうのまねをしたり、子どもたちにはとても人気でした。かっこうの歌は、「静かな湖畔」をはじめ、たくさんの童謡になっています。夏休みに、本物の鳴き声を聴く機会があれば、この名曲を思い出すかもしれません。

　6月は、**サン＝サーンス作曲：「動物の謝肉祭」より「象」**。

アフリカ象とインド象の写真を見比べ、象の動きを音楽から感じ取り、音楽に合わせてのっしのっしと歩きました。

初夏の花が咲き乱れる7月には、**リムスキー＝コルサコフ作曲：「熊蜂の飛行」**。手を羽に見立てて蜂さんになって、ブンブン飛んでみました。*

動物のまねは、楽しいだけではなく、**運動能力や、まねして表現する力、みんなの前でする勇気や、物おじしない強さなど、いろいろなことが得られます**。ご家庭でも、ぜひ動物のまねごっこをしていただきたいです。

▶ **名曲を聴いた経験は教養として身につく**

いつか大人になった時に「そういえば、この曲、聴いたことがあるなぁ」「みんなで象さんになったんだよなぁ」と懐かしく思い出してもらえたら、こんなにうれしいことはありません。名曲は、世界共通の教養。**その音楽から感じた美しさや心が動いた経験は、幼児期の五感のすべてから吸収した「友だちの笑顔」「全身で表現した感覚」とともに、一生忘れない鮮明な記憶になります。**

雨のしずくにぬれる窓を見ながら、大人になった子どもたちがショパンの「雨だれ」を口ずさみながら、憂鬱な梅雨も笑顔で過ごしてくれるかな、なんて想像しました。

＊8月以降のおすすめクラシック曲は164ページ参照。

ぬりえはさせたほうが いいですか？

method
54

やればやるほど
脳の発達をうながします

▶ **ぬりえでその子の発達度合いがわかる**

　大人のぬりえが、認知症予防に使われるくらいですから、子どものぬりえも、やればやるほど脳の発達をうながします。ある小学校の入試では、黒のクーピーペンシル1本で4段階の濃淡をぬり分けさせる課題が毎年のように出題されます。クーピーペンシルが上手に握れるだけではなく、素早く濃淡をぬる力かげんが身についているかを確認されるわけです。

　さて、最近の子どもはぬりえが得意でしょうか。見ていると手の動きがぎこちなくて、スムーズにぬれない子が少なくありません。はみ出さないようにぬる注意深さ、ぬり残しがない根気のよさが見えるのがぬりえです。

　「ぬる」の基本は、「ふちどりをする」と「チョコチョコぬり」。「ふちどり」は、ぬる範囲の内側を「ゴシゴシ」と幅2～3ミリで濃くぬること。これは、はみ出し予防の効果があります。「チョコチョコぬり」は、手首から先だけを小

さく動かして「チョコチョコ」ぬること。慣れていないと大きく腕を動かしてしまい、勢いよくはみ出してしまいますが、「チョコチョコ」と動かすことができれば、細かな部分もきれいにぬり分けられます。

▶ 手先の発達につながる遊びは止めないで

ですが、ぬりえばかりをやらせても、なかなか上達はしません。それまでにたくさんの手先を動かす体験をしていないと、うまくいかないのです。**1歳前後の子どもが、夢中になるボックスティッシュを引き出す遊び。「もったいない!」とやめさせていませんか? 実は、指や手首を使う能力を発達させる重要な遊びなのです。それを止められて、急に鉛筆や、お箸をうまく握ってと言われても、子どもにしてみれば、はしごなしに2階に登ってと言われているようなもの。**しっかりとティッシュ遊びをしておくと、驚くほど速いスピードで、運筆や、お箸づかいが上手になるものです。

「ぬる」ことは、本来子どもが大好きな作業。せかしたり、ぬり方の雑さを注意したりせずに、見守りたいですね。「色をぬる」こと1つをとっても、子どもの楽しみにするためには、周りの大人の接し方が重要です。

method
55
始める前に子どもに
インタビューをしてみて

▶ **友だちをまねしてしまう気持ちとは**

　絵画教室でのひとこま。「魔法が使えたら、どんな魔法を使いたいですか?」を絵に描きましょう、と言われた年長さん。お隣の子の絵をまねて描いてしまいました。日頃から「キョロキョロしないようにしましょう」と注意を受けていて「お隣を見ないで、やる!」という約束をママとしていた矢先のことだったので、ママは「どうして?」と問いかけました。子どもは「まねじゃない、似てただけ。自分で考えた!」と言い張り、大泣き。「どうしたらよいのかわかりません」とご相談をいただきました。

　さて、どうしたらよいでしょう? 年長になると「できない自分」が許せない気持ちが感じられるようになります。「ママが悲しむ」「ママに怒られる」から、とにかく「できる」に向かって、がんばっているのです。親の期待にこたえるために、できないくらいならお友だちの絵を見てでもできたほうがよい、と思うまっすぐな気持ちがあります。

▶ 会話のヒントがあれば自分で見つけられる

　こんな時には、まねしてしまったことを責めるのではなく、描くために必要な課題について話し合うところから、始めてみることがおすすめです。だって大人でも、難しくありませんか？「魔法が使えたら、どんな魔法を使いたいですか？」を絵に描きましょう、なんて。

　子どもにインタビューするつもりで、考えを引き出してあげましょう。「魔法が使えたら、どうしようか？」「〇〇ちゃんは、何かやってみたいことある？」「〇〇ちゃんにないのなら、困っている人を助けてあげるのは、どう？」など。考える糸口を見つけたり、思っていることを言葉にすることは、案外、1人ではできないものです。

　大人も雑談の中から、アイディアがひらめきますよね。対話をしながら、その課題に対してどう考えていけばよいのかを見つける体験をさせて、子どもに「こんなふうに考えていけばいいんだな」という自信をつけさせてほしいと思います。これは入学後に作文を書く時にもつながる手法です。描いた絵は額縁に入れて飾ってあげると子どもは喜びます。絵を描くことが好きになるきっかけになるはずです。

工作が得意になるために
できることは?

method
56

親子で会話をしながら
力を合わせて作りましょう

▶ **工作は「考える」ことがいっぱい**

　おうちで工作を楽しんでいますか? 大人にはガラクタや
ゴミに見える空き箱や卵のパックなどの廃材も、子どもに
とっては大切な材料になります。工作で組み立てる際には、
のり、テープ、ホッチキスなどの道具が必要です。紙皿、紙
コップ、モール、新聞紙、折り紙、ひも、リボン、輪ゴムなど
をほしがる場合もあります。紙を切った切れ端が散らかった
り、のりのベタベタがテーブルについてしまったりするので、
後片づけを考えると、自由にやらせるのをためらうママも
いるかもしれませんね。

　工作で貼り合わせる作業を、のりづけとテープのどちら
にするかで、工作の仕上がりが変わります。のりづけは、乾
くまではがれやすいですし、テープだと表面のツルツルが
嫌な場合もあります。**貼り合わせや重ね方を工夫するなど、
考える場面がたくさんあります。ママが「ここは、どうしたら、
うまくくっつけられるかしら?」と、子どもに教えてもらうのも、**

子どもが考えるきっかけになります。

　また、工作は、どんなものを作るのかを想像したり、作業の段どりを考えたり、机上スペースをうまく使うなど、考える場面がたくさん詰まっています。

▶ 今しかできない作品作りを家族で楽しんで

　まだ工作ができないと思ってしまう2歳くらいの子どもも、シールを台紙からはがして貼る、テープカッターでテープを切って貼る、ハサミを持って1回のグーパーで切れる程度の太さの細長い短冊状にした色画用紙を切ることなどを楽しめます。クシャクシャに紙を丸めたり、ちぎったりも、手指の発達にはとても有効です。

　子どもまかせではなく、ぜひ家族みんなで工作を楽しむ時間を作ってほしいなと思います。大きめの段ボールで「自分専用のおうち」や「基地」を作るのもワクワクします。娘も年長の1年間は、大きな段ボールの「魔法の家」をリビングに置いて、時間があると飾りを足しながら、その中で絵本を読んだりお昼寝をしたりしていました。子どもの「今」しかできない作品は、宝ものになるはずです。

method 57 平面の画用紙から立体物を作るのがおすすめ

▶ **自分で作ってみると立体の構造がわかるように**

　算数の「計算」は得意なのに「図形」が苦手というお悩みを小学生のママからいただくことが何度もありました。パズルが不得意というのも、それに似ているように感じます。これの特効薬はとにかくパズルや図形に触れる遊びの時間をふやすことに尽きるかなと思っています。

　小学校入試では、円すい、三角すい、円柱、三角柱の「見取り図と展開図」を結びつける問題がいろんな学校で出されます。この対策で、幼稚園や保育園児に展開図を暗記させたりはしません。実際に画用紙をハサミで切って折って組み立て、さまざまな立体（立方体、直方体、円すい、三角すい、円柱、三角柱）を親子で一緒に作ります。**自分で作ることで多くのことに気づき、知らず知らずのうちに、立体の構造を感覚的に身につけます。**

▶ ごっこ遊びにつなげると子どもの興味が広がる

さらに、立体を作るだけで終わらせずに、ビルや塔に見立てて、クレヨンで絵を描いてもらいます。「いろんな動物が住んでいるマンション」になったり「宇宙基地」になったり。それを並べて街のようにしたり、組み合わせて大きなロボットにしたり、車や船にしたりと子どもの想像力で遊びが次々に広がっていきます。

画用紙で着せ替え人形と、洋服や小物、ペットを作り、その人形たちでごっこ遊びをします。さらに画用紙や空き箱でお部屋や家具、ピアノや階段を立体的に作るのも楽しいものです。

四角や三角の平面の画用紙が立体になることから、実際の街の中にある建物や乗りもの、部屋にある家具が、さまざまな四角や三角の平面からできた立体で構成されていることに興味がわいてくるかもしれません。おうちの屋根が三角なのはなぜだろう？ ソフトクリームのコーンはなんでこんな形なんだろう？ 身近な立体に意識を向けることで見えてくるものがあるはずです。将来、建築家になりたい、家具職人になりたいなどの夢を描くきっかけになるかもしれません。遊びのように楽しく学んだことは、決して忘れません。

method
58

机のどこに何を置くか
1つずつ教えましょう

▶ 机の整理は幼児には難しい

　机の上でお絵描きや工作をしている時に、子どもが無意識に腕を動かして、使っているクレヨンやスティックのりを机から落とすことがありませんか？ 目の前の作業に没頭してしまうのは、熱中しているせいでしょう。大人ならば自然とできてしまう、机の上の作業するスペースの確保とモノを置く場所の整理や、自分の手の動きを把握することが子どもにはできないのが原因です。机の上を使いやすいように考えることは、子どもが自分ではできないのが普通です。

　机の上のどの位置にクレヨンがあると画用紙に絵が描きやすいのか？ 右利きならば、右側。しかも手前ではなく、少し奥に置くと落ちにくいものです。のり付けに使ったスティックのりは、そのつど、ふたを閉めないと乾いてしまうし、洋服の袖にくっついてしまいます。ハサミの刃先は閉じて置いておきます。渡す時には、刃の部分を持って、持ち手を相手に向けて渡します。もちろんハサミを使う時には、椅子に

座って切るようにします。

▶ モノを落とすと授業への集中力も下がる

そんなことを子どもは考えずに描いたり切ったり、工作に夢中になってしまいます。夢中のじゃまをしない程度に、クレヨンなどを置く場所を移動させたり、集中が途切れた時に「ここに置くと落としそうだから、こちらに置こうか」と声をかけたりしてあげてほしいものです。自分の手の動きで、どのようなことが起きるのかを話して、モノを落としたり拾ったりして気持ちが途切れることなく作業ができるようにしてあげたいですね。

普段やっていることしか、小学校でもできません。小学校の机は、家のダイニングテーブルや勉強机よりも狭いものです。いつも家でモノを机から落としている子どもは、学校ではさらに落としやすくなります。例えば消しゴムを拾っている間は、先生のお話には集中できませんよね。水彩絵の具や習字の道具を使う授業では、絵の具や墨汁を洋服につけてしまうことも起こります。**机の上のスペースの使い方について、少しずつ家庭で伝えていただきたいと思います。**

習い事でほかの子より
覚えるのが遅い

method
59

人と比べない、が鉄則。
課題発見のチャンス

▶ **生まれ月やきょうだいによっても左右される**

　スポーツや楽器などのおけいこや幼児教室で「人と比べてはいけない」のは、冷静に考えれば当たり前のこと。そうは言っても隣のお友だちがよくできていると、心がザワザワと騒ぐものです。わが子がのんびりしていたら、さらに焦りがつのってしまいますよね。

　そもそも「幼児期」は生まれ月によって、同じ学年の中でもとても大きな成長や発達の差があります。さらに、上に兄や姉がいて、すでにその習い事を経験している家庭では、下のお子さんは習い事についてきて観察したり、自分もやりたいという意欲が育っていたりする場合があります。4〜5月生まれで、しかもお兄さんやお姉さんがいる子どもは、同じ学年の中でもできるのが早いことが多いようです。逆に早生まれで、1人目の子どもは遅くて当然なのです。

▶ **比べるのは1週間前、1か月前のその子自身**

　「教室やレッスンでできないことがあれば、やるべき課題が見つかった」ととらえるスタンスが正解。ほかの子と比べて焦るのは、意味がありません。よく言われることですが、**比べるのならば、1週間前や1か月前のその子と比べるのが良いでしょう。成長が感じられるはずです。**

　できない課題の克服については、さまざまなアプローチがあり、子どもの特性にもよりますが、基本は「1つ前の段階に戻る」です。

　例えば、知育系のプリント（小学校受験用教材の分野別のものなど）は枚数をたくさんやるよりも、具体的なモノを使って遊び感覚で内容の理解を確かめるほうが、断然子どもには響きます。なぜなら、紙に書かれている2次元のことを立体的にイメージする力がまだ弱い年齢だからです。小学生以降のようにプリントをやることで身につけさせようとすると、たいていの子どもはかんしゃくを起こすか、聞いているふりをすることを覚えます。おはじきで実際に数えたり、すごろくやてんびんを実際に使って動かしたりするなど、楽しみながら知っていくことがおすすめです。

method
60

単純だけれど奥が深い
「輪つなぎ」

▶ 輪つなぎで入試の評価ポイントが見える

　クリスマスや誕生日パーティーの飾りつけで使われる、折り紙で作る輪つなぎ。たくさんの子どもたちが輪つなぎをする様子を見ると、それだけでその子どもの発達具合や普段どのような気持ちで工作に取り組んでいるのかが、わかります。ハサミやのり、折り紙の置き方、輪をつなぐ時の手や指の使い方がスムーズかなどから、その子どもが難関私立小学校に合格するかまで、占いのように見立ててしまえるほどです。なぜなら、**難関私立小学校の入試には「巧緻性」という分野があり、「手先の器用さ」「作業のスムーズさ」「課題に取り組むていねいさ」が評価されるからです。**

　赤、青、黄色の折り紙を1枚ずつ用意し、それぞれ縦に8等分にハサミで切り、「赤、青、黄色」の順に、輪つなぎしていきます。この折り紙3枚から24個の輪つなぎをするのが5分でできたら、難関私立小学校の合格レベル。初めての子は20分以上かかりますが、3か月くらい練習をす

るとほとんどの子どもが7〜8分くらいまで短縮できます。

▶ 紙の切り方、のりのつけ方に練習が必要

　実際に子どもにやってもらうと、いかにそれが幼児にとっては難しいことかがわかります。

　3色の折り紙はズレないように重ねたままで折って、切ります。折り紙を1枚ずつ切っていては、折って切るだけで5分かかってしまう子もいるでしょう。8等分に切るため、重なりがズレてしまうと、とても細い短冊になってしまいます。切った折り紙は、それぞれの色ごとにまとめて置いておかないと、輪つなぎの時にスムーズに折り紙を取ることができません。輪にした紙にのりをつけますが、のりが少ないと途中ではがれてしまいますし、のりをつけすぎてもはがれてしまうことがあります。

　たかが輪つなぎ、されど輪つなぎ。シンプルですが、奥が深いものです。ある親子さんは、練習をしたたくさんの輪つなぎを全てつないで、それをマンション5階の自宅から下にたらしたら、地面に着く長さだった！と教えてくださいました。ぜひ親子でトライしてみてください。

自己肯定力

コミュニケーション力

学力

グローバル力

method
61

「輪ゴム」が課題として
よく登場します

▶ 輪ゴムで留める、輪ゴムをつなぐ

　昭和の時代にはよく「輪ゴム」を使っていましたが、最近はテープやクリップ、ワイヤーリボンなど、おしゃれなものが多く出回って、あまり輪ゴムが身近でなくなっているように思います。お宅ではいかがでしょう?

　そんな輪ゴムですが、小学校入試では「巧緻性」の分野を見るためによく登場しています。「画用紙を丸めて輪ゴムで留める」「5〜6本の色鉛筆を輪ゴムでまとめる」など。伸び縮みするゴムをうまく片手の指で扱いながら、まとめる紙や色鉛筆をもう片方の手で持っていなければなりません。大人には簡単なことですが、初めての子どもには、なかなか大変なことなのです。

　「ゴムつなぎをする」という課題もあります。ゴムつなぎとは、昭和の時代に「ゴム跳び」に使ったゴムのように輪ゴムをつないで長くしていくもので、数秒間で何個つなげられるか? を競います。

輪ゴムを上手に扱えるかどうかで、その子の手先の器用さや、生活の場面での自立度合いを見ているのです。

▶ パターンボードは図形感覚を養うのにおすすめ

　また図形的な課題では、碁盤のように縦横に規則的に並ぶくぎに輪ゴムをひっかけて図形を作る「パターンボード」（というおもちゃ）を使ったものがあります。お手本と同じ図形を輪ゴムで作ったり、難易度の高い課題では、左右対称や、回転した図形を作ったりします。カラフルな輪ゴムを使って、重ねていく順番を正確に再現させる課題もあります。遊びの1つとして取り入れてみると、楽しみながら手指の器用さとともに図形感覚が身につくはずです。

　女の子の場合には、自分の髪の毛をゴムでまとめられるようになることも、自立の一歩。遊んでいて乱れた髪の毛を自分で整えられるばかりか、体育や家庭科の時に髪をまとめる機会にも役立ちます。サラサラしている髪の毛をまとめておき、それをゴムでしっかりと留めるのは簡単ではありません。ごっこ遊びの中で、お人形の髪の毛で練習するのも良い方法です。

method 62 いろいろな能力がわかる「紙をちぎる」

▶ **指先を上手に使えるかどうかが見られる**

　紙を「ちぎる」のが苦手な子どもは、案外多いものです。「ちぎる」は、両手の親指と人差し指で、紙をつまんで、右手と左手の親指がくっついた状態のまま、用紙を分ける作業です。初めは右手と左手が離れてしまって、勢いよく「やぶる」になってしまいます。描かれた線に沿って「ちぎる」場合には、線に沿って指を少しずつ移動していく慎重さ、画用紙などの厚い紙の場合には、指先にしっかりと力を入れる必要があります。集中力と根気が必要です。でも、なかなかこのような作業は、普段の生活にはありませんね。

　小学校の入試では、しばしばこの「ちぎる」が出題されます。最後までやりとげる根気を見るため？ 線に沿ってちぎり続ける慎重さを見るため？ 指先が自分の思うように使えることでさまざまな作業がスピーディにできる可能性があり、知能も発達しているから？ 文字を書くには、指先の力が必要だから？ 実は、そのどれもが当てはまります。だから、

入試でよく出題されるというわけです。

▶ 直線 → 曲線のようにだんだん難しくして

さて、その「ちぎる」が上達するのに、効果的な方法はあるのでしょうか？ 幼児ですから、うまくいかないと途中でかんしゃくを起こしてイライラします。「ゆっくり」だと紙が手の熱やしめり気で柔らかくなってしまいます。指先の「力が足りない」とちぎることもできません。

まずは、直線から練習。**紙を折って折り目をつけ、その線に沿ってちぎりやすくします。自宅に、お裁縫で使用するルレットがあれば、それを使って切り取りやすくします（切手の切り目のように点線状に穴が開けられます）**。それを「ちぎる」のは、1歳の子どもでもできます。次に曲線に挑戦。やはりルレットで切り取りやすくして、プチプチと、穴を1つずつつなげていくようにちぎります。**だんだん、紙の厚さを厚くし、線も複雑にしていきます。子どもの喜びそうな動物などの絵柄にするのも長続きのコツです。**子どもが好きな作業なので、できるようになったら、お夕飯を作っている間などに、やってもらうのもおすすめです。

method
63

できたら合格に例外なし。
やり抜く力が育つ

▶ **5000回達成は1時間もかかるハードさ**

　小学校受験の世界で「これができたら絶対合格する！」と言われている、都市伝説のような話があります。もう何十年も、お受験ママからママへと伝わってきているらしい、まことしやかな噂。それは、「ボールつき5000回」。ドリブルのようなボールつきを連続5000回できる子は、合格できるというのです。

　幼児は、ボールつきができないところからのスタート。ボールを一回地面や床に落として、バウンドしてきたのをキャッチすることから始めます。「ついて、キャッチ」がスムーズにできるようになるまでは、なかなか長い道のりです。年中さんの多くは、「ボールつき」までいきません。年長さんになって、ようやく「ボールつき」をし始める子がほとんどです。

　やってみるとわかりますが、5000回は時間にして1時間くらい。**つまり1時間、集中を切らさずに1つのことを「や**

り抜く力」が必要なのです。

▶ 気持ちの強さがきたえられる

　ボールつきの最中に気がそれると、ボールはあらぬ方向にとびますし、疲れて手の力が弱くなると、ボールがはずまないのでリズムが崩れます。そんなボールの動きの変化を立て直す力があるか？も、その子自身の「やるぞ！」という気合いとともに大切なこと。「腰を少し落としていたほうが、いろんな方向のボールに対応できるな」という工夫や、「おお！こう来たか!!」とおもしろがる気持ちなどは、やっていく中で養われるものかもしれません。気持ちの強さがきたえられることは、確かです。

　実際に、娘もお友だちたちも、トライしました。ママ同士で、「このボールから始めるといいよ」「どうやったら、続く?」を共有し合ったのも、いい思い出です。そして、合格をいただきました。ご指導させていただいた子どもたちの両親にもお伝えしておりますし、それを信じてやってくださった方々のお子さんは、第一志望に通われています。わたしの経験の中では、例外なしの都市伝説です。

method
64

無意識の自己肯定感が
ある子どもは合格する

▶ 数字で表しにくい分野がある小学校受験

　競い合い、勝ち抜いていくのが受験。幼稚園や小学校受験で、そんな世界に幼児を巻き込むことに、不快な気持ちを抱かれる方も少なくないかなと思います。幼稚園や小学校受験は、まさに親が決めて、子どもを巻き込む受験です。親子の面接や親の書いた願書がありますから、親への評価も、合否には含まれます。むしろ、親の評価のウェイトは、子どもの評価よりも大きいようにも思います。

　中学受験以降のペーパーテストならば、点数で明白に合否が決まるので、結果に不満の余地があまりありません。しかし小学校受験の場合は、行動観察や面接、絵画などの数値化しにくい分野があるので、どうやったら合格するのかが明確ではありません。ゆえに合否の結果にモヤモヤが残ることがあります。中学以降の受験とは違い、幼児教室の模擬テストの結果でいつも上位にいた子どもが不合格で、そうではない子どもが合格ということも、よくあります。

▶ 家庭の空気が入学させたい子どもを作る

　しかし幼児教室で指導する側にまわってみると、一目瞭然の差が見えてきます。「この子をぜひ、教えたい」「この先、この子がどんなふうに成長するのか楽しみだ」「お友だちと協力して、意欲的にものごとを進められる子だ」「ほがらかで前向きに考えていける子だ」「愛されて育てられている」。そんなふうに見える子どもが、狭き門を通過していきます。子どもらしい思いや行動を認めてもらってきたからこそ身についている自信、無意識な自己肯定感、伸びしろ、そういうものを学校側は見定めているのではないかと感じます。**それらを支えているのは、親の日ごろの接し方。笑いがたえない仲が良い家族、他人のために汗をかくことをいとわない家族、素直な気持ちでうそのない会話ができている家族。そんな家庭の空気が子どもに反映します。**

　ペーパーテストで測れることは大事なことではありますが、それだけで決まるのではないのが、小学校受験。受験にトライするかは、各家庭の判断ですが、あいまいに見える判定にもしっかりした根拠があり、それは受験だけではなく、子どもの一生の土台になるものだと思います。

method
65
親の精神的安定が
子どもを意欲的にする

▶ **子どもに親の不安は見せない。しかる時は短く**

　いろいろな子どもや、その家族とご一緒させていただいている中で、目に力のある、イキイキとした子どものご家庭には共通点があるように思っています。

　1つは、「**子どもを不安な気持ちにさせない**」。たとえパパ、ママが子育てに不安を感じることがあったとしても、決して子どもには伝えるまいと、奥歯をかみしめて、笑顔でやさしく対応しているように見えます。親の感じている子育ての不安は、子どもには罪がないことがほとんど。他の子どもと比較をしたり、初めての子育てで自信がなかったり、子育て以外（仕事やパートナーへの不満）でストレスを抱えていたり。そういう**自分の不安を客観的にとらえる視点があると冷静になれますね**。注意をするためにきびしい言い方をする場合でも、「わかったね。じゃあ、その話はおしまい。さあ、遊びに行こう！」と短く伝えて、その後に話を引きずらない。楽しい気分転換を用意して、子どもの気持ちが無邪気でい

られるようにされています。どっしりと安定した心持ちの親御さんの子どもは、チャレンジ精神も旺盛で、意欲的です。困ったことがあれば親を頼っても大丈夫だと安心しているからです。

▶ 子どもを丸ごと信じて受け入れて

もう1つは、「わが子を信じている」。それは、能力を信じているということではなく、子どもを丸ごと信じているという意味です。たとえ、苦手なことがあっても、それはこの子の個性ととらえるあきらめにも似た潔さを持っているのです。だからといって放置するのではなく、「今は練習中！　いつかはできるようになるかも、好きになるかも」とも考えて、長い目で見ながら準備をします。そのような姿勢でいるから、周りの情報にふりまわされることがありません。気持ちがブレないから、むだがない。

とかく、心が弱くなりがちで、焦りや不安に押しつぶされそうな気持ちになる子育てですが、子どもは薄紙を重ねるように少しずつ成長をするものです。無理に引き伸ばしたり、子どもの思いと違うことをさせようとするのは、親子ともども疲れ、良い結果にはなりにくいと思います。

method 66

1日5分から始めて
休みの日は作らない

▶ **年中さんくらいから机の前に座る時間を作る**

　小学校に上がる前の幼児を机の前に座らせて、ドリルのようなお勉強をさせるのには賛否両論があります。わたしは年中さんくらいから、少しずつそういう経験をすることは大事だと思っています。なぜなら小学校に入って、いきなり長時間座って授業を受けることになるのは、子どもは予想できていないので、対応が難しいと考えるからです。

　しかし、好奇心のかたまりで動き回ることが大好きな幼児に、机の前に座ってお勉強をさせるのは親もひと苦労。そこで大切なのが、その子どもが楽しめそうな内容のものを、無理のない分量でやること。迷路や点図形（点と点を結んでお手本と同じ絵や図形を描くもの）などを1〜2枚から。「もっとやりたい!」と言っても、「また明日!」と楽しみを残すことも、続けるためにはおすすめです。

▶ 気が進まない日も必ずする、が肝心

　もう1つ大切なのが、「今日はやらなくていい」という日を作らないこと。**毎日の決まった時間にやるとルーティンが好きな幼児には、習慣になります。**

　おすすめなのは、朝。わが家は共働きだったので、朝は分刻みで、家族全員で動く必要がありました。6時に起きて、娘と夫がランニングに行っている間に朝食の準備、帰宅してシャワーを浴びた後、家族で朝食。その後に必ずシンプルなドリルをやっていました。この流れは小学校に入ってからも続き、娘が中3で留学するまで続きました。年中さんからスタートして11年間。発熱した日もやりました。もちろん簡単なものですが。逆に夜の学習は、その日の疲れ具合を見ながら、やらない日を作っていました。

　子どもが怒ろうが、泣こうが、冷静に進める。「やるべきことはやる」と貫くことが肝。子どもの好きなドリルを先にさせて、気を取り直してからやってみると、集中する場合もあります。子どものペースに振り回されず、やると決めたことは、ぶれずに進められるとよいと思います。

　旅行中でも、何かの行事がある朝でも、1日5分は時間が作れるはずです。**幼ければ幼いほど、習慣をつけるのはやさしいものです。**

method
67

想定外のことへの
対応方法を教えて

▶ **先を見通すことは幼児にはとても難しい**

　迷路が大好きな子どもって、案外多いものです。「先を考えて、今何をするべきなのか」を試行錯誤することにワクワクして最後には達成感が感じられるからだと思います。この先を考える力は、何事にもとても大切ですが、幼児はまだ備えていない力でもあります。そのため、親からすると「そんなにゆっくり歩いていたら、間に合わないことが、なんでわからないの」「出しっ放しにしていたら、それにつまずくでしょ」という失敗をよくします。

　入学すると、それまで親の送迎や園のバスで通っていたのとは違い、子どもだけで登下校をすることになります。近所のお兄さんお姉さんと通学する場合もありますが、下校は同級生同士になるでしょう。遠距離通学をする子であれば、電車やバスを乗り継ぐことも。見通しを立てる力がないと、通学だけを考えてもさまざまな問題が起きます。海外では18歳まで保護者の送迎が義務付けられている国もあり

ますから、サバイバルに近いと思います。

　トイレを我慢して出かけたら学校に着くまでもたないなとか。歩いている途中で忘れ物に気づいたけれど、今から戻ったら間に合わないとか。急にお腹が痛くなったら、どうする？ 電車通学中にダイヤが乱れたらどうしたらいい？ 気分がわるくなったら誰に頼る？ **など予想外のことが起きる可能性があるからです。**

▶ 入学前に親子でシミュレーションを

　親の手を離して通学するのは、もうそれだけで6歳の子どもからしたら大冒険です。困ったら、周りの大人の中から誰が親切なのか？ を見きわめて、声をかけて、助けてもらうことができるでしょうか。入学前に、朝の登校時間にランドセルを背負って、歩いてみるのもおすすめ。重くて大きいランドセルがあると、バスや電車通学の場合は想像以上に歩きづらいこともあります。

　パパ、ママの見通す力をフル活用して、子どもの性格や資質を考えながら（おっとりしている子には注意することのメモを渡す。慎重な子には事前練習をさせるなど）、**通学の準備や練習をしておきたいものです。**それは、子どもがこの先さらに広い世界に出かけていく場合にも必要な準備だと思います。

method
68

「助けて」の頼み方を
ごっこ遊びで伝えて

▶ **助けてもらうことは迷惑でも恥でもない**

　子どもにとって対応のしかたがわからず困ることが、学校やおけいこのクラスなど、親がいないところで起きることがあります。そんな時に「先生、どうしたらいいか、わかりません」「誰か助けてください」と言えないことは、大きな課題です。引っ込み思案な子どもは、なかなか声を上げにくいので、周りに気がついてもらえず、悲しい気持ちになってしまう場合も少なくありません。

　家庭でできることは「誰かに助けてもらうことは、いいこと」「助けた人も気持ちがよいものだ」と伝えること。「人に頼ると迷惑をかける」「自分でできないのは恥ずかしいこと」と教えてしまうと、困ったことやつらいことにふたをして、我慢を重ねてしまいかねません。性被害やいじめに声を上げられない可能性もあります。

　それは遊びの中で伝えることもできます。ごっこ遊びで、助けを求める役をママがして、子どもに助けてもらい、「わ

あ、ありがとう!」と感謝を伝えることも有効です。**掃除などの家の仕事をしてもらい、「助かったわ!」と伝えて、子ども自身も助けることの気持ちよさを味わえるようにしてほしいなと思います。**

　街中では、おまわりさんに道を教えてもらったり、お店の人にトイレの場所を聞いたりするなど、子どもが大人に直接助けてもらう経験をしたいものです。親以外の大人と話すことに慣れたり、お礼を言う練習にもなります。

▶ 親は一歩引いて自分から言える子にする

　普段から、子どもが困っている様子でも、先回りして助けないことも意識したいところ。工作中に手がのりでベタベタになっている子どもに、サッとウェットティッシュを出すやさしいママがいますが、これは本当にやさしいということなのかな? と疑問を感じてしまいます。「ベタベタになっちゃったから、手を洗いに行っていいですか?」と聞く機会を奪っているように見えるのです。子どもの代わりに「手を洗いに行かせてもいいですか?」と質問をするのも同じです。ベタベタになって気持ちがわるい状態を子ども自身がどうしたいのか、自分で言えることが「助けて」につながっていくのではないかと思います。

テレビを観る時間は
決めるべき?

method
69

「夕食時は観ない」など
わが家のルールを作る

▶ 食事の時は会話を楽しむ

　最近は、あえてテレビを置かない家庭もふえています。テレビの観方についてどんなルールを設けたらよいのか、迷っている方もいらっしゃるかと思います。それぞれの家庭の方針によるので、正解は家庭の数だけあります。なので、その中の一例ということでご紹介します。

　わが家のルールは3つ。「夕食を食べている時にテレビをつけない」「ダラダラ観ない」「パパが優先」です。

　食事中は、会話を楽しみ、食事を味わうことに集中したいもの。幼稚園でのできごとを子どもから聞いたり、料理に入っている旬の野菜について話したりしていました。テレビをつけてしまうと、会話が少なくなりますし、食事を楽しむことがおろそかになってしまいます。テレビをつけない習慣が当たり前になると、外で食事をいただく時にも、自然と会話を楽しんで、お料理について話すようになります。

▶ 「パパが優先」ならパパ尊重の理由を説明して

　「ダラダラ観ない」ようにするために、わが家は観たい番組は予約録画をしていました。テレビの時間に生活を合わせるのではなく、自分たちの時間の流れの中にスクリーンタイムを作り、その時間に録画してあったものを観るようにしています。録画機能によって、チャンネル争いでけんかになるようなことはありません。観たい番組については「どうして観たいのか？」の理由を話してもらっていました。逆に、親として子どもに観てほしい番組は積極的に「一緒に観よう」と誘っていました。NHKやBBC製作の歴史や自然についてのドキュメンタリー、名作映画などです。

　ただしテレビは「パパが優先」と決めていますので、パパの好きなスポーツのライブ中継は、それを優先させていました。忙しいパパの楽しみを尊重することも、小さい頃から習慣としてきました。テレビはとても魅力的ですが、そのチャンネル権をパパが第一とするのは、なぜなのか？ についても、子どもが「なるほど、そうだね」と納得するまで話し合いました。**テレビは「自分の好きなことをする」ことの1つの象徴で、それを、どんなふうに自分でマネージメント（管理）するのかを学ぶ機会だと思います。**

method 70 「おさるのジョージ」や 楽器演奏動画はおすすめ

▶ すばらしいコンテンツはぜひ利用して

　YouTube には楽しい動画が数限りなくあります。次から次へとレコメンドもされますから、大人でも、観ているうちにあっという間に時間が過ぎてしまうことがありますね。再生回数からどれだけ多くの人が観ているかがわかります。子どもに観せないというのは難しいだろうと思います。

　ただし小学生までは、親の管理下で観せるべきで、子どもが自由に好きなだけ観るべきではないと考えています。親がコンテンツを吟味して選んであげるのがよいと思います。わたしも娘に「おさるのジョージ」や「Sid the Science Kid」などを観せたり、海外絵本の読み聞かせを聞かせたりして利用しました。娘はバイオリンを習っていますので、練習中の曲をいろんな演奏家による演奏で聴き比べることも。動物や植物の生態を調べる、料理やスライムを作るなど、動画で観ればわかりやすいすばらしいコンテンツもたくさんあります。**親子で知的好奇心を満足させるた**

めに利用することから始めてみてはいかがでしょうか。

▶ なぞなぞや折り紙で頭と手を使って遊ぶ

　タブレットやスマホを子どもに渡して時間つぶしをさせる使い方は、1回させると子どもは何度もしたがるようになります。やめられなくなるお菓子のような中毒性の怖さがあります。「時間を決めて、その中で楽しむ」ルールを伝える、良いきっかけにしたいですね。

　電車や車の移動、待ち時間などは、しりとり、なぞなぞ、迷路、折り紙や読書、ぬりえなど、幼児が楽しめる遊びの用意もしておくと、スマホ時間が減ります。すきま時間が頭や手を使う有意義な時間になります。そんな時間が、案外、子どもが大きくなった時の思い出になりますし、その子どもが親になった時に、わが子にさせる時間つぶしの方法になるのではないかと思います。

　ある小学校の先生から、「白い紙と筆記具があれば何時間でも遊んでいられるのが、優秀な子だ」と聞いたことがあります。受け身ではない遊びができることが、子どもを伸ばすのだと思います。

method
71
「プログラミング思考」は
幼児のうちから育てる

▶ **カレー作りからプログラミングに必要な力が育つ**

　「プログラミング」は2020年に文部科学省が必修とした
ことから、小学校での学習が義務付けられています。その
流れから、幼児でも遊び感覚でできる「スクラッチ」「ビス
ケット」などのプログラミングソフトや幼児向けのプログラ
ミング教室ができ、コロナ禍ではオンラインのサービスもふ
えました。子ども自身が興味を持っているのであれば、止
める必要はないと思います（画面を長時間見ることになるので、
目の健康に配慮する必要はありますが）。

　ただ、小学校で学習しているのは、「プログラミングをす
る」ことよりも、「プログラミング思考」が中心です。例え
ば、「カレーを作るために必要な材料や道具は何か？ どの
ような順序で作るのか？」という「物事を分解する力」や、
「調理の材料を切る、炒めるということを理解して、カレー
以外の料理にも応用できるか？」という「物事を抽象化す
る力」など。つまり論理的に考える力をプログラミングの手

法で育てているのです。これらは、「**ピクニックに行くのに、何が必要?**」「**どんな順番で片づけるのがいい?**」など、日常の会話で、育てられる力でもあります。

▶ 体を動かす外遊びもいっぱいさせて

また、幼児期に体験した具体的な感覚や知識を使って、将来、抽象的な思考を進めていくことを考えると、主体的にパソコンに向き合う時間を確保しながらも、川の流れをせき止めたり、落ち葉の山にダイブしたりするような**外遊びでの豊かな経験もたくさんしてほしいと思います。**

わたしの好きな歌人の俵万智さんの短歌です。

「おかあさんきょうはぼーるがつめたいね」
小さいおまえの手が触る秋
—— 俵万智『オレはマリオ』

外遊び終えたズボンを洗うとき
立ちのぼりくる落葉の匂い
—— 俵万智『プーさんの鼻』

大人ですら見落としてしまいがちなことを幼児が感じていることや、たくさんの外遊びをした子どもの様子を匂いで感じたことが、よく伝わってきます。

外遊びを大切にすることで、プログラミング学習で必要な発想がさらに広がるのではないかと思います。

文字や絵をかくのに
タブレットを使わせたい

^{method}
72

絵の具、鉛筆などいろんな筆記具に触れる経験を

▶ 筆記具によってかき心地が違います

　タブレットが小学校から配られ、子どもたちが授業や宿題で使うようになりました。タブレットのペンで漢字練習、計算練習をする機会もあります。幼児でも、家族がタブレットを使っていれば興味を持って当然です。

　タブレットにペンで「字を書く」「絵を描く」ことは、子どもが興味を持てば、止める必要はなく、どんどん使っていいと思っています。ただ、同時に、クレヨンや絵の具、色鉛筆やクーピーペンシル、いろんな芯の濃さの鉛筆、フェルトペン、筆ペンなどさまざまな筆記具にも触れさせてあげたいと思います。

　その理由は、**それぞれにかき心地が異なり、紙に対してのしみ込み方やにじみ方などが違い、そのどれもが体験となって子どもの五感に記憶されるからです。**匂いも違いますよね。タブレットもそんな筆記具の1つとして考え、それだけでいろんな表現ができるからと、タブレットだけにしない

でいただけたらと思います。

▶ 「書く」「描く」ことが書道や美術の入り口に

　特に幼児は、描いた絵や書いた文字よりも、描く行為、書く経験の中で多くを学んでいます。

　子どもが筆の力の入れ具合で、太くなったりかすれたりする筆跡を楽しむことが「書道」に、絵筆やクレヨンで自由に描くことが名画やその歴史を学ぶ「美術」の学びにつながるのは、理解しやすいですね。それ以外にも、色鉛筆やクレヨンが力の入れ具合で色の濃淡が変わることや、絵の具を混ぜると違う色になること、筆記具をザラザラの紙にこすった時のひっかかる感じなどは、物理や化学の入り口のような経験でもあるのです。

　タブレットはいろんな機能があるので、それだけでも充分楽しめてしまいます。大人であれば記憶にある「クレヨン」「絵の具」「色鉛筆」の感触を重ねて使うことができますが、幼児は、その土台になる記憶を集めている時期です。

　「字を書く」「絵を描く」ことの１つ１つの経験を全方位で記憶している幼児期だからこそ、いろいろな素材に触れる経験をたくさん持ってほしいと思います。

method 73 カメラや録音機能は 好奇心向上に役立つ

▶ 遊んで、学ぶ道具として親子で使いましょう

　スマホは、大好きなママが一日中さわっているもの。幼児からすると、とても魅力的な「何か」です。リモコンと同様、どのように使うのか？ というのは、まだわからずに、ママのまねをして使ってみたくなるのは、幼児には自然なことかも知れません。好奇心を持つことは良いことですし、禁止されればされるほど、さわりたくなるものです。

　機種変更をして、もう使わなくなった古いスマホがあれば、それを使わせてあげるのも良いと思います。**カメラ機能で撮影をさせたり、録音機能で自分のおしゃべりを録音して聞いてみたりすることも良い経験になりそうです。**娘が幼い頃に撮影したピンボケの画像は今でも古いスマホに入っていますし、幼い声のおしゃべりは、何度聞き返したかわかりません。子どもに渡しっぱなしにするのではなく、親子で一緒に使うようにするとよいですね。

　年中さん以降なら、空き箱などでスマホを作る子どもも

います。「このボタンは、何のボタン?」「これはどんなアプリなの?」など、工作で作ったスマホについて聞いてみると、「犬の言葉の翻訳をしてくれる」「宇宙人と電話できる」など想像上の機能を教えてくれることでしょう。娘もスマホやPCをダンボールで自作して、とても大事にしていました。「これなら幼稚園に持っていける!」「ママのより音がいいんだよ!」と自慢されたのは、いい思い出です。

▶ おすすめの子ども向けの知育アプリ

知育系の「シンクシンク」「Khan Academy Kids」「数学の王者」などの子ども向けアプリも、ゲーム感覚で楽しく学ぶきっかけになります。英語学習にも世界中の子どもたちが使っている「Khan Academy Kids」「Duolingo」などは、かわいいイラストで楽しく学べると思います。* 終わりの時間を決めてから始めること。タイマーなどで、わかりやすく「おしまい」を示してあげましょう。

スマホに興味を持つことは、現在の生活を考えれば当たり前のことで、とても良いことです。**親の管理のもとで一緒に遊ぶ、おもしろがって学ぶためのツールとして使って、親が「おしまい」にしたあとは、大人が管理しましょう。**

*英語学習におすすめの教材は60、96、222ページ参照。

method
74

持ちものの管理や着替えが
自分でできるようにして

▶ **入学したらできるようになるとは限らない**

　小学校の入学にあたり学習面の準備は重要視されますが、学校生活がスムーズに送れるかどうか？ の準備も、実は同じくらいに大切です。なぜなら、これまでの送迎をされて通い、保育園や幼稚園の「1人でできなくても当たり前」が前提のお世話をされる日常ではなくなるからです。

　小学校に入ったらできるようになるだろうと大人が思うことも、1年生ですぐにできるとは限りません。「学校で必要なものを準備する」「帰ったら、先生からのお便りを渡す」など、親からすれば当たり前のことも、子どもは「やらなければならないこと」と気づかない場合もあります。「準備が苦手か」「先生のお話を聞いて覚えていられるか」など、**1つ1つ保育園や幼稚園の先生に園での様子をうかがいながら、おうちで練習できると良いですね。**

　登下校の道順がわかっていることはもちろん、途中で知らない人に声をかけられてもついて行かないこと。自分の

荷物とお友だちの荷物の区別がついて、なくさないこと。学校で必要なものを親に伝えること。体操着や水着への着替えが1人でできること。体調がわるい、トイレに行きたいなどを先生に言えること。正しい姿勢で座って、読み書きができること。ひらがながだいたい読めて自分の名前が書けること。こんなことを入学までに準備しましょう。

▶ 入学後は学校の話を聞く時間を5分作って

　クラスの集団の中で長い時間を過ごすのが小学校です。「みんなと同じように」学習に必要なものが揃っていること、先生の指示を聞けることなどは、すぐにできるようになる子ばかりではありません。**毎朝送り出す時に顔を見て、準備は万端かな? 元気かな? 心が落ち着いているかな? と確かめてあげてほしいと思います。そして、帰宅後には、学校での話がしたくなるような空気を作ってあげてほしいものです。**親が仕事から帰宅するのが夕飯ギリギリで、あっという間に寝かせる時間になってしまうこともあるでしょう。習い事や宿題に時間をさく必要もあるはずです。でも5分だけでも膝に乗せて抱きしめながら、「今日、どうだった?」と問いかける時間を持っていただき、子どもの気持ちを全身で受け止めていただけたらなと思います。

Column

子どもに聴かせたいクラシック曲

120ページで4月から7月までを紹介した、季節ごとに名曲に合わせて体を動かすリトミックは、実は娘が幼い頃に親子で楽しんでいたことを園でも再現したものでした。娘は現在高校生ですが「あ！ この曲知っている」と記憶の引き出しから幼児の時に聞いたメロディとヘンテコな踊りが出てきて、思わず笑顔になりながら懐かしく思い出すそうです。8月から3月までのおすすめ曲をご紹介します。

8月 ▶ ラヴェル作曲：「水の戯れ」

海やプールなど、水遊びが楽しい季節なので、その水の音を音楽にすると、こんなに美しい表現になるというのを感じてほしくて、聴いていました。

9月 ▶ ドビュッシー作曲：「月の光」

中秋の名月におだんごを作ったり、秋の花を飾ったり。窓から満月を眺めた翌日に、この曲を聴き、また夜に月を眺める。月の淡い光のやさしさが感じられると思います。

10月 ▶ ムソルグスキー作曲:「展覧会の絵」より「プロムナード」

　ムソルグスキー自身が友人の画家をしのんで、プロムナード（散歩）の様子を曲にしたもの。誰もが聞いたことのある有名な曲です。芸術の秋、美術館に行きたくなります。

11月 ▶ ショパン作曲:「木枯らしのエチュード」

　風の冷たさを感じる季節。落ち葉がたくさん公園や野山にあり、それが風で舞う様子がピアノで表現されています。落ち葉になりきって、娘は風に振り回されるようなダンスを踊っていました。

12月 ▶ チャイコフスキー作曲:「くるみ割り人形」より「花のワルツ」

　クリスマス・イブのお話であることから、バレエの公演も12月にたくさん開催されます。ドレスを着て踊りたくなるような優雅なワルツですから、気分はシンデレラの舞踏会です。「金平糖の踊り」という曲もあり、ちょっと怖い映画に出てきそうなドキドキする感じもあり、娘はそちらがお気に入りでしたが。

1月 ▶ 宮城道雄作曲：「春の海」

　お正月気分が感じられる琴の名曲です。わが家では書き初めなどのBGMとしてよく聴いていました。日本文化の雅な雰囲気が体感できます。

2月 ▶ ビバルディ：「四季」より「冬」第2楽章

　日本語の歌詞のついた「白い道」という曲としても有名。第1楽章の厳しい寒さの表現と対照的に、暖炉の前でゆっくり過ごす時間を表現していると言われています。

3月 ▶ パッヘルベル作曲：「カノン」

　結婚式や卒業式などで演奏されることが多いこの曲。門出を祝う、晴れやかで優雅なハーモニーを味わえます。

4章

「世界で生き抜く力」をはぐくむ

一人娘は中3から単身イギリスに留学していますが、気の合う友人を得て、生き生きと学んでいます。自分を信じる気持ちと相手をリスペクトする気持ちのバランスがとれていれば、世界のどこにいてもハッピーでいられるはずです。

method
75

赤ちゃんでも
英語の童謡なら親しめる

▶ **好きなアニメやお話なら幼児から楽しめる**

　日本語とは、全く違う言語である英語。日本に住んでいると、必要性に迫られることもないので、「いつからどんなふうに始めるのが良いの？」と迷っているママも多いと思います。家庭によっていろんな考え方があり、これには家庭の数だけ正解があると思います。サンプルの1つでしかありませんが、15歳から単身でイギリスに留学している娘の幼少期の取り組みについてお伝えします。両親は日本人で日本生まれ、日本育ち。両親ともに海外居住経験も留学経験もありません。

　赤ちゃんの頃から日本の童謡と同じくらいに英語の童謡のCDで聴かせていました。2歳を過ぎた頃から「おさるのジョージ」「ひつじのショーン」など好きなアニメを日本語と英語で視聴するようになりました。小学校低学年になると、ほぼ毎晩「Oxford Reading Tree シリーズ」をCDをかけながら寝る前に1冊眺めていました（読むのではなく、

聴きながら眺めるだけ）。「The Magic School Bus」「Sid the Science Kid」にハマり、絵本やDVDで楽しんでいました。

▶ 洋楽、映画……、趣味の延長にすると身につく

　小学3年生の時「ヤングアメリカンズ（現在はHEART Globalに名称変更されたアメリカの非営利団体。世界中に音楽とパフォーマンスのワークショップを届けている）」に参加し、英語で歌い踊ることに夢中になったため、ブロードウェイミュージカルを英語で歌って演じる習い事をスタート。夏休みには国内のインターナショナルスクールのサマーキャンプに参加。高学年になると洋楽にハマって、ギターを弾きながら歌い始めました。同時にティーン向けの海外ドラマや映画を「Netflix」や「ディズニープラス」で観るようになりました。自分の好きなことに英語が付いてきたような感覚で、勉強という意識はなかったと思います。

　今は子ども向けのオンライン英会話や、Duolingo、Khan Academy Kidsなど子どもがゲーム感覚でネイティブの発音を学べるアプリも充実しています。**子どもが楽しみながら、嫌いにならない方法で続けられるといいと思います。**＊

＊英語学習におすすめの教材は60、96、222ページ参照。

勝ち気なほうが
将来、生き残れる？

method
76

負けたくない気持ちが
マイナスに働くことも

▶ **周囲と自分を比べてしまう、そんな場合はご注意**

　幼児教室での指導中、子どもたちがペーパーテストの問題を解く時間。周りを見て、自分ができることを確かめる子どもと、周りは気にせずに、自分ができることにも無頓着で、問題を解くことを楽しんでいる子どもの2タイプがいることに気がつきました。

　自分より早くできる子や、間違いが少ない子を気にして間違えることに臆病になったり、しまいには間違えたくないばかりに泣いて解くのをやめてしまったりする子どもがいます。「学び」の時間が「間違いを怖がる」時間になっていることに、なんとかしなくては！と思いました。

　昨今、小学校受験では「行動観察」と言われる分野がとても重要視されています。それは、**協調性、リーダーシップ、コミュニケーション能力などを見て、ペーパーテストができる"だけ"の子どもが入学しないようにしているのです。**いろいろな能力のある子どもを入学させたいという意図も見え

ます。就職試験に似た印象も受けます。

　「1番になりたい」「負けたくない」「競争に勝ちたい」という気持ちは、無邪気で子どもらしくもありますが、周りを気にすることで、自らの足を引っ張ってしまっているように見えることもあります。

▶ 苦手なことがあって当然と思わせる

　負けず嫌いが強すぎるかな、そのことで子ども自身が苦しくなっているかなと感じられる場合には、こんな言葉をかけてあげたいですね。

　「○○ちゃんは、○○ちゃんのペースでいいんだよ」

　「間違えるのも、ナイストライ! 次がんばろう」

　「○○ちゃんが一生懸命やれたら、それがいちばんだよ」

　親自身も、隣の子どもと比べないようにしたいですね。どこかで「間違えないで」「1番に!」という思いがあると、それが子どもに伝わってしまいます。

　そもそも、みんな得意なことは違いますから、苦手なことがあるのは当然です。それぞれの苦手を得意な人が助けてくれるからコミュニケーションが生まれて、つながりができます。何もかも1人でできてしまったら、助け合う喜びを味わえませんね。

method
77
時にはレストランなど
ハレの場へ

▶ 子どもに品を身につけさせるには?

　発音や話し方から、どの地方出身のどの階級なのか、ど
んな仕事をしている家庭の子なのか、までわかってしまう時
代のイギリスのミュージカル映画「マイ・フェア・レディ」。
言語学者ヒギンズ教授は、「振る舞い」を猿まねのように
教えても、うわべを飾るばかりだと、主人公のオードリー・
ヘプバーン演じるイライザを教えながら考えます。そして
「花売りとレディの違いは、本人がどう振る舞うかではなく、
どう扱われるかだ」と気がつきます。品を身につけるために
は、よい扱い方をしてもらえる環境に幼い子どもでも出して
いくべきだと、大好きな映画を観ながら思いました。

▶ 思いきって出かけた先で起きた小さな奇跡

　娘が年少の時に、夫の仕事の都合で 2 週間オーストリ
アのザルツブルクに家族で滞在しました。そこでバイオリン
のコンサートに 4 歳の子を連れて行ってよいものか迷い、

チケット売り場で尋ねると「もちろん、オッケー! 未来の音楽家にはいい音楽を聴いてもらわないと」と言われ、入場することができました。2時間を超すコンサート。途中でぐずったら退席できるように、出口近くに座ろうと考えていたところ、ロビーで初老の紳士から「こんな小さなお嬢さんが演奏を聴きにきたんですね。日本の方ですか」と声をかけられました。娘がバイオリンを習っていること、本場の演奏会の雰囲気だけでも味わわせたいとやってきたことを伝えると、「それはすばらしい。小さなプリンセスには座っていただきたい席がある」と言い、会場スタッフに何やら話したと思ったら、なんとその昔は王族が座っていた貴賓席に案内されたのでした。コンサートの会場は、映画「サウンド・オブ・ミュージック」の撮影場所のミラベル宮殿「大理石の間」。モーツァルトがまだ若い頃、姉と一緒にコンサートを開いたことでも有名です。先ほどの紳士は弦楽カルテットの第1バイオリン奏者として登場、娘にウィンクを送っているではありませんか。

　おめかしをして、あらたまったレストランで接客をしていただくと、子どももその空気を感じて素敵に振る舞えるものです。普段の生活とちょっと違うからこそ「ハレ」の気分を感じられる経験を、幼児期からしてほしいと思います。

失礼にならない
大人との接し方は？

method
78

敬意を持った受け答え。
親から繰り返し伝えて

▶ マナーを教えるのは家庭の役割

　以前、落語家の桂三枝（現六代 桂文枝）さんがインタビューで「お母様からしていただいたことで、もっともありがたいと思っていることは？」という問いに、「『あなたは、将来、天皇陛下の前に出ることがあるのだから、その時に恥ずかしくないような立ち居振る舞いをしましょう』と言われ続け、大変貧しい母子家庭だったにもかかわらず、ていねいに教育をしてもらえたこと」とおっしゃっていました。家庭での教育の重要さやありがたさが表現されていて、身がひきしまる思いがします。

　親として、どんなことを子どもに伝えていけばよいのかの指針とするのに、最適な本があります。昭和女子大学総長の坂東眞理子さんによる『こども　マナーとけいご絵じてん』です。「友だちの家に行くときは」「博物館や美術館、映画館に行くときは」など、子どもの生活に寄り添った具体的なテーマと場面がとり上げられているので、おでかけ

をする前に親子で眺めておくと、イメージしておけるのでおすすめです。

▶ **ていねいな接し方が助けやご縁を引き寄せる**

　大人に対して、どんな態度をしたら無礼にならないのか？ どんな言葉づかいがよいのか？ というのは、ご家庭によっても、考え方がさまざまだと思います。子どもなのにずいぶんと謙譲語がうまいというのは、なんだかこまっしゃくれた感じでこっけいに見える場合もあります。タメ口で大人と話すのは堂々として見えるかもしれませんが、しつけのされていない子どもに見える恐れもあります。その時の状況にもよりますが、**大人に対して敬意を持った、ていねいな受け答えをするのがよいと知っている子どものほうが、大人もていねいに接してくれるのではないでしょうか**（江戸っ子の魚屋のおじさんには、もう少しくだけた受け答えが好まれる場合もありそうですが）。

　周りの方々に愛される子どもはたくさんの助けをいただき、ご縁を引き寄せます。その昔、慶應義塾幼稚舎の受験で、「にっこり笑ってみて」と先生から声がかかり、その笑顔の自然さや子どもらしさが合否を分けたというような、真偽のほどは不確かな都市伝説もあります。

method
79

ひじはつかない、などの
立ち居振る舞いが決め手

▶ 親としてゆずれないことは、ゆずらない

　年中さんくらいから、そろそろ普段の生活の中で「親としてゆずれないことは、ゆずらない」ということを伝えてもよいように思います。誰かを傷つけることは、もちろんきびしく禁止しなければなりません。それとは別に、「してほしいこと」「してほしくないこと」を少しずつ教え始められる時期です。その基準は、それぞれの家庭の方針でよいと思います。これは1つの例ですが、以下はわが家で実際に年中から年長にかけて教えた3つのことです。身につけてしまえば、その習慣は一生ものです。

▶ 幼児でこの3つができれば◎

1 ひじ、頬づえをつかない

　自宅でリラックスしている時でも、くせにならないようにできるだけさせないようにします。

2 靴を履く、脱ぐは、立ったままでする

小学生になるまでにストラップやひもがついている靴でも、座らずに立ったままで脱ぐ、履くができて、脱いだ靴を揃えるところまでがスムーズにできるとよいですね。

③ コートやカーディガンなどの脱ぐ、着るをスムーズに

　コートなどは、脱いだら空中で袖たたみをして、置くべき場所（もしくは自分の脇）に置く習慣をつけます。また、置くべき場所がわからない場合には、周りの大人に自分で質問することができるようにします。

　年齢に関係なく、立ち居振る舞いから「きちんとした人だな」という印象を持たれることは多いものです。これは外国の方からでも同様のはず。俗に言われる「育ちがいい」という感想がわいてくるのが、立ち居振る舞いだったりしませんか。娘を通じて仲良くしていただいているイギリスのママたちは、子どもの意見をとても尊重しますが、マナーにはとてもきびしいという印象があります。「お料理をとり分ける時には、フォークとスプーンの両方を使いましょう」「みんなでおしゃべりをしている時に、頬づえをつかないでね」「いただいたプレゼントは両手で持ちましょう」など、笑顔でやさしい口調ですが、はっきりとその場で伝えていました。見ていて清々しい気分になりました。

ボランティア活動は
させたほうがいい？

method
80
欧米では大学の出願に必須。
幼児のうちから経験を

▶ **幼児からボランティアはできる**

　「ノーブレス・オブリージュ」という言葉を聞いたことが
ありますか？ 19世紀にフランスで生まれた言葉で、
「noblesse(貴族)」と「obliger(義務を負わせる)」を合
成した言葉だそうです。社会的に高い地位の人には、それ
に応じて果たさなければならない社会的責任と義務がある
という、主に欧米社会に浸透する基本的な道徳観のことを
言います。具体的な行動としては、寄付やボランティアなど
があります。そんな文化のせいか、欧米の大学では、学業
の成績だけではなく、ボランティア活動も入試の出願の際
に報告します。社会のリーダーとして活躍するために大学で
学ぶのであれば、学力と同様にボランティアの経験が条件
だと考えられているのですね。

▶ **人を笑顔にする喜びを味わわせて**

　娘は師事していたバイオリンの先生のお考えのもと、3

歳から介護施設や病院、養護施設、銀行、ショッピングモールでのボランティア演奏を年に数回、毎年続けてきました。現在はイギリスでも教会や盲学校、近所の小学校やシニアの集まりでボランティア演奏を毎月させていただいています。そこで聴いている方々が笑顔になってくださることは、バイオリンのきびしい練習の励みにもなりますし、感謝していただくことで、自分の気持ちが満たされる経験にもなっているようです。

　また日本に帰国した折には、知り合いの小学生に英会話のレッスンをしたり、簡単な通訳のお手伝いをしたりしています。小学生の頃から編み物が好きなので、お友だちに頼まれたものを編んでプレゼントすることもあります。

　誰かから感謝をされたり、自分の行動が相手を喜ばせたりするというのは、幼児でもうれしさを感じる経験です。お手伝いをしたり、自分が作ったものをプレゼントしたりして、家族や祖父母、お友だちに喜んでもらうことなどはすぐにでもできそうですね。歌や楽器演奏、メッセージの動画、お手紙もおすすめです。ぜひ、そういう機会を多く持っていただけたらなと思います。

method
81

自国の文化を知ることは国際人として必要です

▶ たたみ敷きの場所で小学校入試が行われることも

　お宅に和室はありますか？ ふすまの開け閉め、立ったまましていませんか？ 本来、ふすまは膝をついて両手で開け閉めするもの。たたみの縁は踏んではいけません。現代では、こんなかたくるしいことを知らなくても全く困りません。むしろ、若いパパ、ママは「そうなんですか？」と幼児教室で初めて知るような場合もあります。

　ですが、今でもいくつかの私立小学校では、上ばきを脱いで、教室に敷かれているたたみで行う入試があります。その時、たたみの縁を踏まないように歩いている子どもがいたら、先生は確かなしつけが身についているなぁと、その家庭の様子を即座に理解されるはずです。

　書道を和室で行う小学校や、茶室での茶道の時間を大切にされている中高一貫校も少なくありません。

▶ 「道」の学びで日本文化を体感できる

なぜ、現代の生活では和室での所作を知らなくてもさほど困らないのに、そんなことが行われているのでしょうか？ しっかりと正座をして、心を落ち着かせて習字をすることにどんな意味があるのでしょうか？ 書道で美しい文字を書こうとする過程では、背筋が自然と伸びて姿勢がよくなるばかりか集中力もつきます。茶道は、身分に関係なく相手を敬い、もてなす気持ちが所作で身につきます。これらを大切にしている学校があるのは、**日本人として、自国の文化を知っていることが国際社会で生きていくのに必要なことだからにほかなりません。**

華道、柔道、剣道、空手道、弓道など、歴史あるおけいこには「道」がつきます。共通するのは、礼に始まり、礼に終わる作法と、「型」を学び、そこから自分らしさを追求して、徳を積むという考えです。わたしと娘は空手道と茶道、華道、書道を学んでいます。

机上のお勉強も大切ですが、同じくらいに日本の文化も、子どもに伝えていきたいものです。たたみの部屋で過ごすことは、ご実家や旅館などで経験できます。浴衣を着ると、振る舞いが変わることを感じるはずです。体験すると、子どもは呼吸をするように身につけます。

心が強い子に
育てるには？

method
82

冷静に周りの状況を見る
客観的な視点を教える

▶ 心が強い子は心が育っている子ども

　幼ければ幼いほど自分の感情に正直に行動するので、やりたくない時はダラダラしたり、グズグズ言ったり。勝ち負けがつくような場面で負けてしまうと、暴れたり、くやしがったりしますよね。

　自分の感情に正直に振る舞えることはとても大事ですが、小学校に入ってもそのままでは周りに迷惑です（周りへの配慮で、自分の気持ちに正直になれないということもあるので、バランスが難しいのですが……）。

　いろんな子どもに接していると、「心が強いなぁ」と思う子もいれば、「ちょっと心が弱いな」と思う子もいます。「我慢ができる。人前でお話ができる。勇気が必要な状況でも臆せずに行動できる」のが「心が強い子」で、心が順調に成長しているのがわかります。

　そんな、心が強い子どもにはどんな特徴があり、そんな子に育てるには、どんな接し方をしたらよいのでしょう。

▶ 他人との違いを受け入れられるように

　１つは、「**自分の状況を客観的に見ることができる**」ということ。「周りに迷惑じゃないかな？」「相手がどう思うかな？」と早くて年長さんくらいから、考えることができるようになります。成長がゆっくりのタイプだと小学３年生くらいにならないと難しいようです。まだできなくても、周りの大人が繰り返し伝えてあげることがとても大切です。例えば、試合で負けた時。「くやしいけれど、試合をしてくれるお友だちがいるから、がんばれるし、また強くなる練習ができるね」と伝えます。そうすることで、勝負だけにこだわるのではなく、前に進む気持ちが、少しずつその子の中に育っていきます。

　もう１つは、「**自分と友だちとの違いを受け入れられる**」ということ。例えば、「○○ちゃんの足が遅いから負けた。だから○○ちゃんと一緒のチームはいやだ」と言う子どもに、「○○ちゃんは、みんなに声をかけてくれて、元気が出るよね」と良いところに気づくような言葉をかけてあげたいものです。自分のことだけでなく相手の良さも認められるような気持ちを育ててあげてほしいと思います。

method
83
買いものの袋詰めで
スキルは身につく

▶ **袋詰めの課題が小学校の入試に**

　「スーパーマーケットのカゴに、じゃがいも3つ、牛乳500ml、ロールパン、きのこの山が入っています。これらをレジ袋に入れてください」。これは、ある小学校の入試問題です。幼児に課されたものですが、中学生の家庭科で出題しても、よさそうな課題ですよね。

　じゃがいもは、ビニール袋に入れて結ぶ。最初に重い牛乳を底に寝かせる。その横にじゃがいも。冷たい牛乳の上に、冷やしたほうがよいきのこの山。最後に、つぶれないようにロールパン。正解は、こんな感じでしょうか。冷たい牛乳は、結露予防にビニール袋に入れたほうがよいかもしれません。最近では宅配のサービスも多くありますし、スーパーによっては、袋詰めを店員さんがしてくれるところもあります。子どもに詰めてもらうお手伝いをしてもらったことはありますか?

　大人は当たり前にやっていることでも、生まれて数年の

幼児には、わからないルールがあります。どんどん手当たりしだいに入れてしまうとパンがつぶれたり、入れ方によっては持ちにくい状態になってしまったりします。

　スーパーで詰める時に、重いものは下へ、つぶれそうなものは上に、といったやり方を説明してあげること、子どもに詰めてもらうこと、**そんな日常のちょっとしたことの中に自立への種があります。**

▶ 入試の答えに普段の生活が出る

　「ハイキングに行く時に、あなたはリュックサックに何を入れますか?」という質問を入試の面接の時にした小学校もありました。お弁当や水筒、ハンカチや虫よけ、敷物や折りたたみ傘など、普段の生活で使っているものから子どもたちは答えます。「植物図鑑」という答えもありました。その子の生活を感じることができて素敵です。

　小学生になれば、遠足のリュックに荷物を詰めたり、宿泊学習やスキーキャンプなど、自分の荷物を自分でまとめたりする機会もふえます。そんな時に必要なものがわかって、合理的に詰められるスキルが身についているといいですね。

周りの人を助けられる
人になってほしい

method
84

生活技術を身につけると
人を手助けできるように

▶ **娘が参加したサバイバルなキャンプ**

　日本人にはあまりなじみがありませんが、「The Duke of Edinburgh's Award（デューク・オブ・エディンバラ・アワード）」は、ヨーロッパではとても盛んです。

　1956年にイギリスのエディンバラ公爵によって創設された青少年活動奨学制度。対象は14〜24歳の青少年。奉仕活動、冒険活動などを通じて自主性、協調性をはぐくみ、自信や自尊心を高めることを目的とした取り組みです。

　主な活動は、6〜10人のグループで、地図を読みながら長距離を移動し、3〜10泊のキャンプをします。GPSの利用は不可、持っていく食材のみで生活をして、ゴミもすべて持ち帰ります。そもそもお店のあるような場所ではないので、途中で買い足すことはできません。平原や山林の中など道なき道を子ども自身がルートを考えて移動します。もちろんトイレも寝泊まりも屋外で行います。

　娘もイギリスにて15歳で参加しました。ゴミの始末、料

理、荷物の整理は、もともと持っているスキルでやるしかありません。グループメンバーはそれぞれが得意なことを生かしながら、助け合って長距離移動をし、キャンプ生活をやりとげます。もちろん排泄もしますから、それを自然に返す始末も自分たちで行います。文字通りサバイバルした後は、**子どもたちは普通の生活がいかに多くの人の手を借りているのかを実感**。メンバー同士には、裸の付き合いから信頼関係が生まれ、生涯続く友情を得ます。

▶ 生活の中で自分でできることをふやす

生活で必要なことを自分で行うことは、幼児期から始められます。お手伝いという感覚ではなく、自立に向けてできることをふやす感覚で身につけていけると子どもの自信につながります。あわてることはありません。着替える、洋服をしまう、荷物の準備をする、簡単な料理を作るなど、生活の小さな技術もまた、世界の共通言語です。

キャンプなども、楽しんで生きるためのさまざまな技術を身につける経験です。**自分の生活を自分で切り盛りできることは、子どもにはうれしいことですし、周りの人の手伝いもできることになり、自尊心を高めます。**

method 85 和食器の並べ方からも 学びがあります

▶ **配膳のお手伝いを子どもにさせていますか?**

　あなたの家では子どもが、食事の前や後にお皿を運んでいますか? 食器を落としてしまうのではないか、運ぶ途中でこぼしてしまうのではないかと心配になり、大人がやったほうが、気が楽だと思ってしまいがちですよね。

　和食の器の並べ方には、ルールがあります。ご飯茶碗は手前の左に、汁ものはその右です。お箸の箸先は、左にして、手前に横にして置きます。右奥に主菜（魚は、頭が左、お腹を手前に）、左奥に煮物などの副菜、真ん中におひたしなどの副菜。これで和食の基本の「一汁三菜」となります。

　ご飯茶碗は左手で持つ時間が長いので、左の近い位置に。魚や肉は器を持ち上げずに食べるので、右手が使いやすい右奥というように、この並べ方はとても合理的。

　配膳のお手伝いを子どもにしてもらうと、大人ならば当たり前にしていることが自然に身につきます。それも子どもたちにとっては、学びであり経験です。

▶ お椀のふたの置き方にも文化がある

　子どもが「なぜそうするのか？」と疑問を持つこともあるでしょう。例えば、食べ終わった後にお椀のふたをどうしたらよいのか？ 食べ終わったことを知らせるために、裏返してお椀の上に置く方もいますが、ふたの表面に傷がついてしまうこともあるので、おすすめできません。**器にいたわりの気持ちを持つのも、日本の食文化の１つであることを説明してあげましょう。そんな親子の対話が、日本の文化や歴史について興味を持つことにつながります。**

　以前、慶應義塾中等部入試の社会科で、和食の配膳のイラスト４枚から、どれが正しいのかを問う問題が出題されました。家庭で食事がどれくらい大切にされているかを見たかったのでしょう。

　日常の何げないことにたくさんの学びがあります。「知っている」と「やったことがある」と「いつもやっている」には大きな違いがあります。ささいなことでも、子どもは「できた！」を喜んでくれます。生活を共にする仲間として、子どもにもぜひ配膳を手伝ってもらいましょう。

method 86 旬の食材を使った和食で「本物のおいしさ」を伝えて

▶ **味覚を育てようとして地味な和食にいきついた**

　編集者をしていた20代。香港の大富豪マダムを取材する機会がありました。「子育てで、いちばん大事にしていることは何ですか?」とたずねると「娘の味覚を洗練させること」とおっしゃって驚きました。「本物のおいしさを知ることで、人生は正しい方向に向かうのです」と自信に満ちた笑みを浮かべて答えてくださいました。しかし、まだ若かったわたしには、「さすが食の都の方だな」としか思えず、言葉の真の意味を全く理解していませんでした。

　娘を授かり、その言葉が何度も頭をよぎるようになりました。「味覚を洗練させる」とは、どういうこと? そのためには、「本物のおいしさ」を経験させることが大事? と考えていくうちに、昔ながらの食卓にたどり着きました。

　それは、だし汁を煮干しや昆布、かつお節でとること。ふりかけやパンなど、市販品が当たり前になっているものも、できる範囲で手作りすること。おやつは季節のくだものや

とうもろこし、さつまいもの天ぷらなど、母が私に出してくれていたものに。市販のおやつも吟味して選ぶ。おかずは、新鮮な旬の野菜や魚を控えめな味つけで料理して、できたてを食べさせる。ご飯は毎回炊きたてを。手間はかかるけれど、地味な食事です。そのせいか娘は魚、だし、みそが大好物な和食好きに育ちました。

▶ 健康の土台になるおいしさを伝えて

　こんな「おいしさ」が自分の原点だと身につくと、お友だちと一緒にジャンクフードを食べても、「ほっとする味」に戻ってきます。「ああ、こんなご飯が食べたかった。これがやっぱり、ほっとする」と。そして、旬の野菜や魚が持つ勢いのあるおいしさを自分にチャージするような感覚も身につくようです。戻る場所のような「おいしさ」の記憶を作ることは、子どもの健康の土台になると思っています。

　まだ胃袋も小さくて、いっぺんにたくさん食べられない幼児は、お出かけの時に小さなおにぎりを「虫おさえ」として用意してあげたいですね。外遊びをたくさんして、お腹がすいた時に安心です。その日の活動と気分を大事にしながら、子どもが食べたい時に満たされるようにしたいものです。「普段の食」がその子どもの健康を作ります。

method
87
季節の行事が
日本文化を知るきっかけに

▶ **ひな祭りのいわれを知っていますか？**

　娘さんがいても、ひな祭りに桃の花を飾る家庭はあまり多くはないかもしれません。ですが、桃の花を買いもとめて、ちらしずしや、はまぐりのお吸い物の祝膳を囲むのは、家族の楽しい時間になります。さて「なぜ桃の花を飾るの？」と考えてみたことはありますか。

　そもそもひなまつりは、五節句（季節の変わり目の厄払い。1月7日の人日＜七草がゆ＞、3月3日の上巳＜ひな祭り＞、5月5日の端午、7月7日の七夕、9月9日の重陽があります）の2番目の行事。上巳の節句で、草や紙で作った人形に厄を移して川に流す「流しびな」という行事と、平安時代に宮中で行われていた紙人形遊び「ひいな遊び」が合わさって生まれたと言われています。そのため、旧暦の3月3日にひな人形を飾っていましたが、現在の暦に切り替わり、明治時代には4月3日にひな祭りを行っていました。4月上旬は、桃の花が咲く時期なので飾るようになったと言われ

ています。また桃の花は、古くから邪気を払う、縁起のよい
ものとして神事にも用いられてきました。昔話の桃太郎も、
このいわれがルーツです。現在でも長野など4月3日を
ひなまつりとする地域があります。

▶ 行事を通して子どもに伝えたいことを振り返って

　わが家には、娘が2歳の時に植えた桃の木があり、今
では高さ4メートル。小学校の理科の先生は「新暦の3
月3日のひな祭りで、桃の花はナンセンス。人工的な桃の
枝は買いたくない」とおっしゃっていました。4月に咲いた
桃の花を持参すると「これが本物だ!」と喜ばれていました。

　また、**ひな人形と一緒に飾る「ぼんぼり」って何? と絵本
などから知ることも、日本文化を知ることの始まりになります。**
「うれしいひなまつり」などの日本の童謡に使われる「和
の音階」が「ペンタトニック」というファとシの音が抜けた
音階であり、それは世界各地の民謡も同様であることなど
は、幼いうちは知らなくてよい知識ですが、童謡には親しん
でおくとよいと思います。「何を子どもに伝えたいのか」を
振り返る機会として、季節の行事をとらえてみるのはいかが
でしょう。

method
88

ホタル狩りやお月見。
情緒を感じる心が育つ

▶ **自然への好奇心がふくらみます**

　季節ごとに子どもに体験してほしいことがあります。中でも夏に体験してほしいなと思っているのが「ホタル」です。「光る」というのは子どもにとって、ワクワクするものですし、日本には水生のホタルが生息しているので、夏の涼しくなった夕暮れに清流のほとりを散歩するのは、とても良い時間だと思うのです。家の近くの川や自然センターなどでも見られる場所があると思いますので、ぜひ子どもに本物のホタルの光を見せてあげてほしいと思います。ゲンジボタル、ヘイケボタルの両方が見られるとさらに良い経験になります。**それぞれのホタルの光り方のリズムの違いや、体の大きさについて知ることで、子どもが生き物に興味を持つきっかけになるかもしれません。**

　ホテルのお庭や、山間の料理店などがサービスで見せてくれることもありますので、浴衣姿でうちわを持って出かけてみてはいかがでしょう。

秋には、お月見を楽しみたいもの。中秋の名月には、ススキやわれもこう、リンドウ、菊など、秋の花を飾って、おだんごを作って、満月のうさぎさんの話をしながら眺められたらいいなと思います。「なぜ、月が光っているの?」と疑問を持ったら、『月の満ちかけ絵本』（大枝史郎・文、佐藤みき・絵）などを読み聞かせてみてはどうでしょう。

▶ 情緒が育つと学習にもよい影響が

　行事以外でも、季節を楽しむことができます。旬のくだものや野菜、魚を味わうことも、日本を知るきっかけになりますし、語彙をふやしてくれます。季節を感じる喜びは、幼児にはわかりにくい感覚かもしれませんが、祖父母や、家族、お友だちとの集まりなどで、周りの人たちの言葉などから、子どもなりに季節の到来や、旬のおいしさを喜べるようになります。そこから、心豊かに暮らしを重ねた人にしか備わらない、情緒を感じる心が身につくように思います。それが、**先々の国語の読解問題や理科・社会の知識と結びつきますし、その子どもの周りに素敵な人の輪を作るきっかけになるのではないでしょうか。**

　光のない夜にホタルの小さな光を追いかけたり、空を見上げて月の明かりを親子で眺めたりする時間は、街灯のない時代の夜の暗さを感じられる体験にもなりますね。

method
89

杵と臼を使う餅つきは
特別な体験

▶ **家族の一員として新年を迎える準備をさせて**

テレビやインターネットは、新しいこと、知りたかったこと、おもしろいことを伝えてくれます。けれどそれは、あくまでも間接的な情報。誰かが編集した、撮影した情報。そしてスクリーンを通じて伝えられたもの。迫力のある動画に見えても、においも、温度もないのです。

例えば「さるかに合戦」。さるは動物園で、かには水族館（または食卓）で、本物を見る機会があるでしょう。しかし、臼はどうでしょうか？ 検索すれば、説明や画像は出てきますが、臼の大きさ、重さをイメージできる子どもが（大人も?）どれだけいるでしょうか。

パック入りのお餅や、和菓子屋さんのお餅も、おいしいものがたくさん。でも自分で杵を持ってついた餅なら、とびきりの思い出の味になるはずです。

わが家は毎年餅つきをします。幼い頃からやっている娘は小学生の時には慣れた手つきで、臼の中の熱い餅をか

えすことができました。もちろん、杵でつくのもお手のもの。
つきたてのお餅をちぎって食べるのは格別です。

▶ 年末年始は日本文化を知る行事の宝庫

　年末年始は、とりわけ日本古来の伝統的な行事や食べ
ものが身近にあふれます。こまや福笑い、羽子板にすごろく、
百人一首。どれも、親せきや友だちと一緒にするから楽し
く感じるものばかり。年賀状作り、大掃除、おせち作りのお
手伝いも、子どもにはうきうきするような家族とのふれあい
の時間であり、家族の一員としての仕事をすることを誇り
に感じるはずです。

　グローバル人材の必要性が叫ばれる昨今ですが、グロー
バルに活躍する人になるためには、まず自国の文化や自
分のルーツを知っていることが基本ではないかと思います。
**餅つきをしたことのある子どもは、お餅のおいしさとともに、
もち米から餅になる不思議、みんなで協力し合って作る楽し
さ、力のある大人のすごさ、熱いものを丸める強さなど、た
くさんのことを学ぶはずです。**みんなで協力して、新しい年
を祝う。そういう節目を大切にする、新年の空気を子どもに
感じてもらいたいものです。

伝統文化は
幼児にはまだ早い?

method
90

子どもでも楽しめる
狂言がおすすめ

▶ **事前の準備でお行儀よくできます**

　歌舞伎、能楽、狂言、落語、日本舞踊などの伝統文化の鑑賞には、子どもにとって、たくさんの「びっくり!」があるはずです。伝統文化に親しむのを、「まだお行儀よくできないから、もう少し大きくなってから」と後回しにしてしまっていませんか。年中さんくらいになると、子ども自身も「ここは空気が違う」ということを察して、きちんとしてくれるものです。そのためには、**事前に「静かに座って観る場所だから、動き出したくなったら、ママに教えてね」と伝えておくことや、絵本などで物語の筋道を伝えておくことも大切です。**夏休みには子ども向けの短い時間の上演もあり、演者の方から直接子どもに教えていただける企画などもあります。

▶ **狂言は笑える演目がたくさん**

　中でも、幼児におすすめなのが狂言。心のなごむ笑いがあり、子どもの心の成長にも役立つはずです。例えば

「柿山伏」は、小学校の国語で取り上げられている作品。山伏が修行から帰り、空腹のため畑の柿を無断で食べたところを、畑の主が見つけます。主は、木のかげに隠れた山伏に「あれは鳥だ」「猿だ」と鳴き声をまねさせて、からかうという話です。「附子」は、出かける主人が、太郎冠者と次郎冠者に留守番を言いつけます。主人は2人に桶を見せ、この中には附子という毒が入っているから、絶対に近づかないようにと伝えます。だめだと言われてかえって気になった2人は中の附子を確認し、甘い砂糖だと知って全部平らげてしまいます。帰ってきた主人に2人がいろんな言い訳をするという狂言で、一休さんのとんち話にも出てきます。幼児でも充分にわかって笑える内容です。

　遊園地やテーマパークと同じように、歌舞伎や狂言の鑑賞にもトライしてみてください。劇場の晴れがましい空気や、折り目正しい人が多い空間は、同伴する親も背筋が伸びます。こんな体験から**「きちんとする場所では、こんなふうにすればよいのか」ということを子どもなりに理解します。それは「ここ一番」の大切な舞台や面接の時にも、一本芯の通った自信ある態度ができる練習になります。**

method
91
ロングセラー本、「クマのプーさん」の深み

▶ 大人になって名作を再発見

　母はわたしに、最初の絵本としてディズニーのアニメ版絵本の『くまのプーさん』を買ってくれました。当時の皇太子ご夫妻の長男・浩宮さまに美智子さまが最初の本として与えたという記事を読んで、深い意味があるはずだと思ったのだそうです。

　くまのプーさんがはちみつを食べすぎて穴から抜けられなくなり、クリストファー・ロビンたちに助けてもらう、あの絵本です。プーさんは周りの友だちが助けてくれていいなあと思いながら、繰り返し読みました。しかし大人になって原作『クマのプーさん』を読むと、なんと哲学的なこと。

　ピグレット「プーくんはなにをしているんだい？」

　プー「僕は何もしていないをしているのさ」

　これは、タスクに追われる大人になった今なら、「何もしないをする」の大切さをシンプルな言葉で表しているのだなと、深く心にしみてきます。

プー「一緒にいられない日が来ても、僕のことを忘れないで。僕はずっと君の心の中にいるから」

　この「誰かに覚えていてもらえる幸せ」は、人生の先輩たちを見送った今ならば、温かく重く感じることができます。

▶ 名作は国境も世代も超えて受け継がれる

　娘は現在イギリスに留学中で、わたしは保護者会にオンラインで参加しています。その保護者会の資料には、たびたびピーターラビットやくまのパディントン、プーさんなどから言葉が引用されます。

　例えば長い夏休み前には、プーさんからピグレットへの、朝起きて最初に考えることは？ という問いに「ぼくはね、きょうは、どんなすばらしいことがあるのかな、ってことだよ」と答える言葉を引用して、そんな毎日を過ごしてください、というメッセージが伝えられます。

　ロングセラーの本は、世界共通。幼い頃に読んでもらったものを、子どもに読み聞かせることで引き継がれていきます。グローバルな教養としての意味もある本を親子で楽しんでほしいと思います。

自己肯定力

コミュニケーション力

学力

グローバル力

201

method
92

音楽は世界共通語。
親しむには楽器が近道

▶ **楽器を弾けるのは素敵なことだと思わせて**

　園長時代に「子どもがピアノを習い始めたけれど、毎日
の練習がとても大変。どうしたらよいでしょうか？」という
ご相談をいただきました。楽器に限らず、何かを上達した
いと思ったら、毎日の積み重ねは大事なこと。けれど、小さ
な子どもは、その大切さがわからないものです。先を見通
す力はもう少し大きくならないとつきません。わたしも「音
楽を楽しむ素養を身につけさせたい」と娘にバイオリンを
習わせてきました。高校生の現在は、オーケストラや弦楽
アンサンブルを楽しんでいます。あくまで1つの事例でしか
ないのですが、わたしがやってきたことをお伝えしたいと
思います。

　まず、**子どもが楽器の練習を「好き」でいられることが大
切。「楽器が弾けたら、素敵だな」と子ども自身が思える環
境を整えます**。子ども向けのプロのコンサートに行くのも
いいですが、近所のホールで開催される発表会など、小さ

な子どもでも入場しやすい機会を探してみてください。プロの大人の演奏家よりも、年齢の近い子どもの演奏のほうが、子どもは興味を持つものです。

▶ 楽器へのモチベーションを保てるよう親も努力を

そして、毎日の練習は、とにかく楽しい時間に。ママと交互に弾いたり、歌いながら楽譜を理解したり、1回弾けたらシールを貼ったりとゲーム感覚に。しかも短い時間で区切るようにします。ぬいぐるみを並べて観客に見立てて、演奏会ごっこをしたり、絵本も、楽器が好きな登場人物が出てくるものを読んだり。弾けるようになったら、「聴いてもらう」機会を経験することも、モチベーションのキープになります。年齢が低ければ低いほど、周りの大人は無条件でほめてくださいます。楽器を演奏することは、周りのみんなが喜んでくれることだと理解できると、練習量を少しふやせるようになります。

毎日の練習は、親も覚悟のいることです。ただ、**この毎日の練習が当たり前になると、漢字練習や計算ドリルなど、学習の基礎を学ぶルーティンへの抵抗が小さくなります。**練習をさせるために親子バトルになってしまうからとあきらめず、気長に構えて、共通の趣味をはぐくむつもりで続けていただきたいと思います。

method
93

ペットとのふれあい。
「命」の学びにもなる

▶ 蚕から絹糸をとったことも

生き物の飼育は、子どもによって好き嫌いが分かれるもの。親の好き嫌いが影響することもあります。

わたし自身、虫は苦手だったのですが、娘の希望をかなえるべく、カブトムシ、蚕、鈴虫を飼育しました。カブトムシは雌雄を飼って、孫の代まで3年間飼育しました。蚕は、えさの桑の葉が冷蔵庫を占領して大変でしたが、繭から絹糸をとることもしました。鳴き声を楽しむために飼った鈴虫は、部屋の中では、美しく聞こえるどころか安眠妨害になることを知りました。

そのほかにも、メダカ、ザリガニ、金魚、ミドリガメ、カタツムリ、アリ、ダンゴムシ、オタマジャクシがカエルになるまで飼いました。金魚は10年以上です。

そしてわが家には、いつも犬がいます。今は3頭のボーダーコリーだけですが、娘が幼稚園の頃は、ドーベルマン、ラブラドールレトリーバー、ボーダーコリー、ウェルシュコー

ギーカーディガン、ジャックラッセルテリアと9頭いました。お世話には、娘も参加。やりたくない日も、お世話をしないとどうなるのか? を考えて、がんばってくれました。病気の通院、火葬場にも一緒に行きました。

▶ 動物のお世話は寛容さや自立性も伸ばす

　娘はイギリスで友人のお宅にステイさせていただく機会が少なくないのですが、たいていのお宅には犬や猫、中にはうさぎや馬がいます。そんな時にすぐに犬と仲良くなれることは、友人の家族から、とても喜ばれるようです。

　1889年に設立された、カリフォルニア州でもっとも歴史がある共学名門校「サッチャースクール」の「ホースプログラム」は世界的にとても有名です。新入生は入学後、最初の週に馬とペアとなり、日常の世話をしつつ乗馬を学びます。自分の寮生活に加え、動物のケアを行うことで寛容さと自立性がはぐくまれると言われています。

　生き物と暮らすことは、楽しいことばかりではありませんが、環境が許すのであれば、ぜひ経験させてあげたいことです。生き物の世話を通して「命を預かる責任」「頼られる喜び」を感じて、自分ならできる力がある、という自分を信じる気持ちがはぐくまれます。

method
94

自分の立てた目標を
振り返る

▶ 自分の強みを伸ばせる評価方法

　娘の通うイギリスの高校にも、通知表のような学期ごとの成績のレポートがあり、保護者宛にメールで送られてきます。学期の初めにその科目でどれくらいの成績を目指すのかを、担当の先生と話し合って決め、そのゴールに向かって勉強をします。他人との比較ではなく、**自分の立てた目標との比較で本人が、「よくがんばれた」のか、「がんばりが足りなかった」のかを振り返ります。**反省点も含めて、生徒が文章にして提出し、親にはその全てが報告されます。その仕組みのせいか、生徒は自分の強みを伸ばすことに集中し、苦手な科目にもマイペースで取り組めているように見えました。

▶ 先生は子どものがんばりを全力でほめてくれる

　各科目の9段階の数字による評価も毎学期いただきますが、驚いたのは、各科目の先生がそれぞれにA4サイズ

の紙に、その学期に本人が努力したことや成長した点を
びっしり書いてくれるところです。とにかくほめてくださいま
す。そして、次の学期にがんばってほしい点は、最低限にと
どめて教えてくれるのです。9科目それぞれの先生が書い
てくれるのですから、圧巻の量です。**言葉で具体的にほめ
てもらえることは、子どもにとって「そうか、そういうふうに
認めてもらえたのか」と伝わりやすく、自信につながります
し、積極的に学ぶ姿勢を育みます。**

　またイギリスのママ同士は、子どもたちの長所をほめ合
いますが、その際に、自分の子どもをほめられたママは決
して謙遜をしません。日本であれば「勉強は得意だけれど、
スポーツは苦手なんです」などと返事をしてしまいがちで
すが、イギリスのママは、皆にっこりほほえんで「ありがと
うございます。あの子はよくがんばっています」と言います。
先生も親御さんたちも、子どもの良いところを見て、言葉
にすることを堂々としているところが、日本の感覚とは違う
なと感じました。郷に入っては郷に従え。わたしも謙遜を少
しずつ手放して、子どもをほめられた時には素直にお礼が
言えるようになってきました。

method
95

簡単なゲームで
待つ時間も楽しむ

▶ **コミュニケーションは家族の対話から**

　わたしが、初対面の娘の学校のお友だちであるイギリス人家族とレストランへ食事に行った時のこと。料理が出てくるまでの時間に、「じゃあゲームをやろう！」とイギリス人パパが言いました。テーブルにあるそれぞれの白い布のナプキンで形を作って何かに見立てて、それを当てるゲーム。頭にカチューシャのようにのせて看護婦さん、おひげの形にして鼻の下にあてて老紳士とか、パタパタさせて飛んでいる鳩など。順番にやり、同じものはダメというルール。みんなで笑いながら当てているうちに料理が出てきました。

　初対面の人と一緒のテーブルは、ちょっとした緊張感があるものですが、それぞれのキャラクターが、見立てる物の発想でわかっていき、自然に親しくなっていきました。わたしからすると、英語でいきなり会話するよりも、ちょっと気が楽で、おしゃべりのきっかけをもらえるいいゲームでした。子どもたちも、料理が出てくるまでじっとただ座っているの

はつらいものですが、みんなで楽しめるゲームをすると、生き生きと本領を発揮してくれます。

▶ 外食を家族で会話を楽しむ場にして

　日本では、レストランに家族で来ていても、料理が出てくるまでの時間は子どもにスマホやタブレットで動画を見せたり、ゲームをさせたりして静かにさせている光景をよく見ます。子どもは静かにしてくれますが、せっかくの家族の時間がもったいない気がしてしまいます。

　家で食事をするのと違い、レストランはいつもと違う話をする機会になります。レストランの方に料理に使われている食材を質問したり、その産地のことを教えてもらったり、お料理そのものについて「これって、食べたことなかったね」「この季節が旬なんだね」と話したり。**目の前にいる人に興味を持って、相手の話を聞いたり、お互いの思っていることを言葉にしたりすることは、とても大切なコミュニケーション力を身につける機会だと思うのです。**食事の場面は味や食感から、感じたことや思ったことを話しやすいものです。まずは家族で会話を楽しむ習慣ができると、話す力、聴く力が自然と伸びていくのではないでしょうか。

method 96
不当な扱いに対しては
声を上げるのが常識

▶ 娘への差別的な扱いに学校から謝罪が伝えられる

　娘は、通っていた私立中学にある留学派遣の制度で、2020年の中学3年の秋からイギリスで学ぶことになりました。コロナ禍の始まりの時期で、アジアンヘイトが世界のあちらこちらで報道されていた最中のことです。

　留学したばかりのある時、娘は学校のスタッフから「そこの中国人」と呼びかけられたそうです。自分は日本人であること、名前があることをそのスタッフに伝え、そのやりとりを学校に報告し、とても不愉快な思いをしたと説明したそうです。学校側は直ちにそのスタッフからの謝罪と学校としての謝罪を正式に娘にしてくださいました。教育の場でありえない言動をしたスタッフについて厳重に注意する、またそのようなスタッフを雇用していることに責任を感じているというのが謝罪の主な内容でした。

▶ 波風を立てないほうがよい、という感覚を疑って

　物事を荒立てないことを大切にしがちな日本にいると、「アジア系だから、同じように見えて間違えただけじゃないか」「名前がわからなかったから、しょうがないのではないか」「まだ入学したばかりだから、そんなふうに言われてもしかたがない」などと考える方が多いかもしれません。不快に思ったとしても、ちょっと自分が我慢をすればすむと考え、なかったことにしてしまうほうがラクだと感じて。

　娘のように相手の間違いを指摘して、人種差別につながるような行為を黙認しない行動は、日本では「出る杭」と思われるかもしれません。しかし、インターネットのおかげもあり、世界の国々は近くなり、グローバル化が進んでいます。「日本の常識が世界の非常識になってしまっていないのか」を考える必要があるように思います。

　まずは幼児の頃から、子どもが「今日、こんないやなことがあった」と話せる環境を整えてあげたいと思います。パパやママだったら、自分の話を真剣に聞いてくれるし、受け止めてくれると思われる関係を築きたいものです。そして、親自身も自分の常識がアップデートされているのかを常に考えながら、子どもと共に成長できるとよいですね。

method
97

「家族」の大切さを
教えてくれた寮生活

▶ 同じ寮の仲間とのつながりは家族同然

　娘は「ハリー・ポッター」シリーズに登場するような全寮制の高校で学んでいます。15あるハウス（寮）対抗のスポーツ大会や音楽行事がひんぱんに開催されるため、寮生たちの結束力はとても強いものになります。誰かが学校対抗のスポーツ大会に選抜選手として出る、コンサートに出演するなどがあれば、寮の仲間が客席から声援を送って応援をします。授業ですばらしいレポートを書いた、絵画や論文で入賞したなど、輝かしい成果を残した生徒は、校長先生の革手帳に名前を記す栄誉が与えられますが、その際には必ず寮の名前も記載されます。

　450年以上続く高校なので、家族が代々同窓というお友だちもいます。歴代の校長先生の革手帳に、一族の名前を見つけることも。親族は同じ寮に入ることになっているので、パパ同士がお友だち、祖父同士も友だちなど、保護者が集まる時には、1つの大きな家族の集まりのようです。

▶ 保護者同士の連帯感も生まれる

　寮では、生活のすべてに自立が求められます。しかし完璧に自立するのはまだ難しい10代。ダメなところがお互いにオープンになる環境のため、ぶつかることがあります。「なんで片づけないの?」「なんで、そんなことを言うの?」とルームメイトとの小さなぶつかり合いをたくさん経験します。逃げることができない環境ですから、**許し合って「長所も短所も、あの子はそういうところがある」とまるで兄弟姉妹のような関係をはぐくみます。**そんな親密なつながりができるせいか、休暇にはお友だちの自宅に招いていただき、まるで親戚のように数日ステイをさせていただいています。

　こんなことから、その昔、ご近所同士で子どもたちを一緒に育てていたような感覚が寮の保護者たちの間にはあるように感じています。日本の野球やサッカー、バレエなどの習い事で、保護者の方々が協力してお手伝いをする時に生まれる連帯感に、近いと思います。**子どもたちは親同士が協力している姿を見て、頼れる大人が複数いることを心強く感じるはずです。**時間や手間はかかりますが、保護者の集まりに積極的に参加してみることで得られることがたくさんあると思います。

method
98

子どもの意見をよく聞く
「当事者主権」につながる姿勢

▶ 強制的なしつけが多い日本

　留学先で娘のお友だち親子と食事をする機会に気がついたことがありました。それは、ご両親が子どもに意見をとてもひんぱんに尋ねていること。例えば、「何を飲みたい？」「ケーキはどれくらいの大きさに切る？」といった、たわいのない会話ですが、日本でそこまで子どもの好みを聞いてあげる会話をしているかな？ と思ったのです。日本では、飲み物は、みんなが好きそうなものを2〜3種類用意するかもしれませんが、ケーキの切り分け方は、みんな同じ大きさにするのが平等と感じているように思います。

　Eテレ「すくすく子育て」でおなじみの東京大学名誉教授・汐見稔幸先生のお話によれば、日本の子育ての特徴は「子どものためと思って、しつけを強制的にやることが多い」ということ。「野菜を食べる」「歯磨きをする」など、子どもが嫌がっている時に「どうして嫌なの？」と理由を尋ねることをほとんどしないとおっしゃっています。

また、児童公園がうるさいという苦情のために閉鎖されたニュースに、汐見先生は「なぜ、公園を使う子どもに意見を聞かないのか?」「当事者である子どもたちに相談することが、大事なのではないか」とおっしゃっていました。

▶ 当事者である子どもへのリスペクトが背景にある

　「当事者である子どもたちに相談すること」、すなわち周りの大人の意向で決めるのではなく、当事者である子どもの意見を聞こうという流れは、多様性を尊重する時代の流れとともに教育現場でも主流になりつつあり、「当事者主権」という言葉が注目を集めています。

　「食べたいケーキの大きさを子どもに聞く」という普段の生活の中に、この「当事者主権」につながる「子どもへのリスペクト」をわたしは感じました。「良かれと思って、みんな平等の大きさに」という大人の配慮は、果たして、本当に子どものためになっているのか。子どもの食欲の差を無視していないか、子どもに無言のうちに「この量を食べなさい」と従わせてしまっていないのか? 無意識に「当たり前」だと思ってやっていることを見直すきっかけになりました。

　「相手をリスペクトしない」ことから起きるトラブルは、たくさんあります。リスペクトがあれば、子育てのトラブルの解決も前向きに進むのではないかと思います。

英語を身近なものに
するためには?

自宅に外国のお客様を招き
遊びながら英語に触れて

▶ 信頼できる人を見きわめ、招いてみては?

　子どもがリラックスできるのは、自分の家。家に英語を話す人が来てくれたらいいなと、思ったことはありませんか。娘が遊んでいるような感覚で英語に触れられる機会があったらいいなと、わたしは思っていました。

　ある日、道を歩いていると、中国からの留学生のお嬢さんが道に迷って、声をかけてきました。近所の大学に通っている方です。19歳で一人っ子、日本のボーカロイドが好きなことなどを聞きながら、道案内をしました。とても感じがよいので、「うちにランチに来て、小1の娘と遊んでくれませんか」と誘ってみると快諾。彼女は、手土産にお母さんの定番料理「手羽先煮」を持ってきてくれました。そんな心づかいのできる礼儀正しいお嬢さんで、娘と英語でトランプをしたり、ボードゲームをして遊んでくれました。**娘は伝えたい気持ちがあふれて、つたない英語で話したり、イラストを描いてコミュニケーションをとったりしていました。**

また、親子で習っていた空手の仲間に、カナダの大学を卒業したばかりのカナダ人のお姉さんがいました。その方にも、遊びの家庭教師（?）をお願いしました。お茶を飲みながら小3の娘とわたしと3人で英語でおしゃべりをしたり、ゲームをしたり、一緒にピアノを弾いて歌ったり、英語の絵本を読んだりする内容です。文法も単語練習もない、異文化経験のような時間です。

▶ 自宅で遊びながらだと自分から英語を話すように

どちらも、この人ならば！と思って、直接本人にお願いをしました。おしゃれでかわいいお姉さんなので、娘が憧れるに違いないと思ったからです。英語を勉強ととらえずに、コミュニケーションのツールだと感じてほしかったという、わたしの願いは叶えられました。

自宅に来てもらうと、自分の本やゲームを使って遊びますから、娘がお姉さんたちに教えてあげる立場にもなり、自然と自分から話す場面が多くなりました。「うちに来てください」と声をかけるのには、ちょっと勇気が必要ですが、**ご自宅にいろんな国の方をお招きしてみることは、子どもにとって、たくさんの知的な刺激があるはずです。**

method
100
弱さや苦手を
さらけ出せる勇気

▶ **「助けて」と言える強さを育てる**

　この章のテーマ「『世界で生き抜く力』をはぐくむ」の
私なりの結論は、「助けて」と言える強さを育てる、です。
小児脳科学者の成田奈緒子先生にうかがったのですが、
「助けて」と言えるには、自分が助けてもらえるだけの価値
があると思えること、助けてもらったら、それに見合う行動
ができる自分だと信じられることが必要なのだそうです。
　「世界で生き抜く力」は何でも自分でできる強さではなく、
弱さや苦手をさらけ出せる強さなのだと確信しました。わか
らないと言える勇気、できないことをごまかさないで「助け
て」と声を上げる強さが必要です。

▶ **「助けて」「できない」を肯定して、手を貸して**

　では、どうしたら「助けて」と言える人に育つのでしょう
か。それには「できないこと」「わからないこと」があって
もいいと思える環境が必要です。できないことをダメだ、わ

からないことがあるなんてカッコわるいと思っていては、そんな自分が恥ずかしくて「助けて」と言えなくなってしまいませんか。

　子どもが「できない」と言ったら「できないことがわかったんだね」と肯定して、「じゃ、一緒にやってみよう」と手を貸してあげたいですね。「わからない」と言ったら、「どうやったら、わかるかな？」とわかるための方法を一緒に探しましょう。そして、**「助けて」と言ってきたら、「よく言えたね」とその勇気を認めてあげたいものです。そんなふうに、子どもが不安だったり困ったりしている時こそ、力を貸してあげる親の出番。**親の手に余るような問題であれば、友人やインターネットに頼る姿も子どもに見せてあげたいもの。親が誰かに「助けて」と伝える姿を見れば、子どもも「助けて」を自然に言えるようになります。

　助けてもらうことは恥ではありません。そして、助けた側も、良い気持ちになれるものです。お互いさまという気持ちで感謝のやりとりができることは、とても美しいことだと子どもに伝えてほしいと思います。「助けて」を地球に住むすべての人に言えるようになれば「世界で生き抜く力」が育っているのだと思います。

Epilogue

子どもの成長は待ったなし。

『妻のトリセツ』など「トリセツ」シリーズの著者としておなじみの黒川伊保子先生によれば、「子どもの脳の記憶方式は"感性まるごと"」なのだそう。12歳までの記憶は「その時」の味や匂いを五感まるごとで記憶しているそうです。わたしも子どもの頃を思い起こすと、田舎の祖父の部屋のパイプの匂いやアンティーク家具の手ざわり、草むらに寝ころんだ時の青い匂いと地面の湿った冷たさ、ツツジの蜜の温かい甘さなどがありありとよみがえってきます。

五感に鮮明に残る子ども時代にこそ、いろんな本物に出あわせてあげることは、「コスパ」がよいように思います。本物とは、何も美術館の名画やオーケストラの演奏を指しているわけではありません。例えば、街路樹から落ちた紅く色づいた葉であり、近所の川のせせらぎであり、あじさいの葉をゆっくり進むカタツムリです。

ママの1日は24時間だけ。

　毎日の家事、仕事、子どもの世話と、やってもやっても尽きないタスク。心がザラっと荒れたり、不安で胸が押しつぶされるような日もありますよね。本当におつかれさまです。がんばっているどころか、ギリギリのところでふんばっているようなせっぱつまった毎日に、ほんの少し余白の時間、ゆっくりとわが子の顔を見て、「かわいいなぁ」と思える時間があることを祈っています。それが、いつか泣けるくらいにかけがえのない思い出になります。

　縁あって親子となった子どもとの時間をどうか楽しんでください。子どもは、あっという間に育って巣立ってしまいます。この本に出あってくださった皆さんの子育てがさらに輝きますように。笑顔がふえますように。

　常にわたしを信じてくれる両親と、わたしに母親という体験をさせてくれた夫と娘へ、愛と感謝をこめて。

井坂敦子

Column

遊び感覚で英語に親しむ
おすすめワークショップ

ミュージカルワークショップ：「HEART Global」

　HEART Global（娘が参加した頃は「ヤングアメリカンズ」という名称でした）は、アメリカの非営利団体。アメリカを中心に、カナダ・イギリス・ドイツ・フィリピン、そして日本などさまざまな国の18歳〜20代の若者がキャストとして在籍し、2〜3日間で1時間のミュージカルショーを作る表現教育のワークショップを届けています。日本では17万人以上がプログラムに参加。すべて英語で行われますが、歌とダンスなので楽しんで参加できます。「失敗しても大丈夫だよ」という励ましに後押しされ、一歩を踏み出して挑戦することの大切さや、感じたことをそのまま表現することの尊さ、自信や達成感を得ることができます。

子どもの英会話教室：モデル・ランゲージ・スタジオ（MLS）

　子どもの英語教育49年の実績があるMLSは、「ドラマ（劇）」の要素を取り入れたアクティブなレッスンが特徴。役になりきって自分の気持ちを英語で伝える経験ができるので、気づかないうちに「自分の言葉」として英語を話せるようになっていきます。

参考文献

1章　伸びようとする芽を摘んでいませんか？「自己肯定力」をはぐくむ

『いい子に育てると犯罪者になります』岡本茂樹著（新潮社）

2章　親の影響を軽く見すぎていませんか？「コミュニケーション力」をはぐくむ

『おさなごを発見せよ── 羽仁もと子選集』羽仁もと子著（婦人之友社）

『大人の覚悟』三石由起子著（経済界）

3章　お受験準備が参考になります「あと伸びする学力」をはぐくむ

『オレがマリオ』俵万智著（文藝春秋）

『プーさんの鼻』俵万智著（河出書房新社）

4章　一生幸せに過ごすために「世界で生き抜く力」をはぐくむ

『こども マナーとけいご絵じてん』坂東眞理子、蒲谷宏監修（三省堂）

『クマのプーさん』A.A.ミルン作、石井桃子訳（岩波書店）

引用論文

2章　親の影響を軽く見すぎていませんか？「コミュニケーション力」をはぐくむ

『第84回 幼児に、"多様な人と関わる機会"を ～「第5回 幼児の生活アンケート」より、幼児の成育環境の20年間の変化～』ベネッセ教育総合研究所・次世代育成研究室、真田美恵子（2015年）

井坂敦子

「花まる子育てカレッジ」ディレクター。
慶應義塾大学文学部卒業。雑誌「オレンジページ」編
集部を経て、公式サイト初代編集長。出版社勤務のか
たわら、長女を難関私立小学校に合格させる。その後、
受験対応型保育園で初代園長を務め、生活の中で学ぶ
カリキュラムを立案する。認可保育園保育統括や企業主
導型保育園の立ち上げにも従事。小学校受験の個人指

導でも、慶應義塾横浜初等部、早稲田実業学校初等部、立教女学院小学校、
桐朋小学校などの合格実績を上げ、現職に。
子育てに悩む親が、自らの価値観に沿って子どもに向き合う手助けをすること
を信条としている。

入学後の学力がぐんと伸びる
0〜6歳の見守り子育て

2023年9月22日　初版発行

著　者	井坂　敦子
発行者	山下直久
発　行	株式会社KADOKAWA
	〒102-8177　東京都千代田区富士見2-13-3
	電話 0570-002-301（ナビダイヤル）
印刷所	大日本印刷株式会社
製本所	大日本印刷株式会社

● お問い合わせ
https://www.kadokawa.co.jp/（「お問い合わせ」へお進みください）
※内容によっては、お答えできない場合があります。
※サポートは日本国内のみとさせていただきます。
※ Japanese text only
定価はカバーに表示してあります。

©Atsuko Isaka 2023 Printed in Japan
ISBN 978-4-04-897627-5　C0037